小澤隆生　凡人の事業論

天才じゃない僕らが成功するためにやるべき驚くほどシンプルなこと

蛯谷敏

ダイヤモンド社

はじめに

本書は、事業家であり、起業家、経営者、ベンチャーキャピタリスト、イベントプロデューサーといった多彩な経歴を持つ稀有《けう》な人物、小澤隆生さんに「事業のつくり方」についてインタビューし、それをまとめた講義録である。

私が駆け出しの経済誌記者だったころ、尊敬していた先輩がよく繰り返していたのが、「企業は人で書け」という言葉だった。

組織とはつまるところ指導者《リーダー》、すなわち経営者の考えや哲学が反映された集合体にほかならない。会社はリーダー次第で強くも弱くもなる。だから、その企業の本質に迫りたいなら、まずは経営者を徹底的に取材せよ、と。

それから20年以上が経ち、記者としていくばくかの経験を積んだ今も、時々その言葉をかみ締めている。やはり経営者の哲学や思想こそが、会社や組織の実相を如実に映し出す。

苦境のどん底にあえいでいた会社が、経営者が替わった途端に鮮やかに復活するケースもあれば、好業績で快走する企業が、経営者の交代とともに凋落《ちょうらく》の道をたどることもある。

私が身を置いていたメディアの世界も例外ではなく、雑誌やサイトの勢いは編集長の舵取り如何《いかん》によって大きく変わった。組織が生きるも死ぬも、すべてはリーダー次第。そう看破した先輩記者の指摘は、ある意味で真実だと思う。

それ以来、私のライフワークは、取材を通じて組織を率いる魅力的な経営者を発掘することになった。優れた指導者が率いる組織は、やはりおもしろい。

本書で取り上げる人物もまた、私が大きな興味を抱いてきたリーダーの一人である。インターネット業界にいるなら、彼の名前を知らない人はいないのではないか。

小澤隆生《おざわたかお》、52歳。1995年に早稲田大学を卒業し、CSK（現SCSK）に入社。1999年にCSKの仲間と共に、逆オークションサイトの「ビズシーク」を創業した。その後、2001年に楽天にビズシークを売却し、三木谷浩史・楽天グループ会長兼社長の下で働くことになる。

2004年に楽天がプロ野球参入を表明すると、三木谷社長から事業の立ち上げ責任者を命じられ、東北楽天ゴールデンイーグルスの創業メンバーになる。赤字にあえぐ他球団を横目に、球団の収支を初年度から黒字にして、球界を驚かせた。

2006年に楽天を退職後はエンジェル投資家として活動し、再び起業。その会社が今度はヤフー（現LINEヤフー）に買収される形で、ヤフー入りした。

ヤフー在職時は、コーポレート・ベンチャーキャピタル（CVC）を立ち上げ、ベンチャーキャピタリストとして活動し、その後、ヤフーのeコマース（電子商取引）事業の責任者に就任した。「eコマース革命」を掲げ、同事業をヤフーの中で急成長させつつ、ZOZOや一休などの大型M&A（買収・合併）を連発。さらに、ソフトバンクグループと連携し、電子決済「PayPay」の立ち上げに奔走した。

2019年にヤフーのCOO（最高執行責任者）に就任、2022年にはCEO（最高経営責任者）に就き、グループ約2万8000人の陣頭指揮を執る立場を担った。

2023年に退任すると、今度は自らのベンチャーキャピタル「Boost Capital（ブーストキャピタル）」を立ち上げて代表に就任。再びスタートアップの世界に戻り、活動を続けている。

起業家、ビジネスパーソンとしての華々しい経歴以外にも、小澤さんは世間の注目を集めるようなイベントのプロデューサーとして知られている。

2016年の東京五輪の招致委員を手掛けたり（このときは残念ながら落選したが、2021年の招致にも関わった）、2012年に仲間と始めた「すごい豆まき」は、東京タワーを舞台に4トンの豆を使った奇抜さが話題を集め、海外メディアにも取り上げられた。

投資先の19社中11社が株式上場

公私一体となって、常に新しい企画を仕掛ける事業プロデューサー。

その実績だけを見ると剛腕なリーダーの印象が強いが、彼の真骨頂は事業を綿密に構想する方法論にある。自分の経験を基にした、分かりやすく誰でも活用できる事業立ち上げのフレームワークを持っているのだ。

その方法論を初めて聞いたのは、かつて小澤さんと一緒に働いていた部下の一人からだった。その人物は、小澤さんのフレームワークを身につけて起業し、新規事業を次々と立ち上げ、やがては連結売上高660億円規模の企業グループをつくるに至る。当時の会社の名前はビズリーチ（現Visional）、創業者は南壮一郎社長である。

その後、小澤流フレームワークを活用しているのが南社長だけではないと知り、〝門下生〟ともいえる起業家たちに次々と取材を重ねた。多くが、小澤さんに教わった事業立ち上げの方法論を自分なりに咀嚼《そしゃく》しながら活用していた。

その影響力を思い知ったのが、小澤さんがヤフーのCVC「YJキャピタル（現Zベンチャーキャピタル）」時代に投資したスタートアップの実績である。

当時、YJキャピタルが投資した19社のうち、実に11社が後に新規株式公開を果たした。決して上場することだけが成功の証ではないが、海千山千ともいえるスタートアップ投資の世界で、これほどの実績を叩き出した小澤さんの「事業立ち上げ論」に、俄然、興味を持つようになった。

彼が構築したフレームワークとは一体、どんなものなのか。

以降、機会があるたびに小澤さんの事業立ち上げに対する考え方を取材し、記録を続けた。そして今回、小澤さんが新たなベンチャーキャピタルを始動したタイミングで、これまで聞いてきた内容をまとめる機会を得た。

天才じゃなくても事業はつくれる

本書は、小澤さんが事業を立ち上げる際に、どのようなプロセスで、何をして、何をしないのか、その要諦を本人へのインタビューを基にまとめた講義録である。

彼の考えや人柄をより深く理解してもらえるよう、あたかも小澤メソッドを学ぶ生徒になったつもりで問いを投げかけ、小澤さんの答えを引き出した。

小澤さんの事業立ち上げ論は、これまでにもメディアでたびたび話題になっており、ネット業界に身を置く人なら断片的に見聞きしたことがあるかもしれない。

「51点を目指す」「打ち出し角度」「センターピン」「要素分解」……。

小澤さんは独特の表現を使いながら、事業づくりの過程を説明していく。それらの印象的なキーワードをつなぎ合わせながら、パズルを組み合わせていくように編集を進めていった。読んでいただくと分かるが、小澤さんが語るフレームワークは決して難解なものではない。

目標を決め、調べ抜き、戦略を決め、戦術に落とし込んでいく。
戦術は小さく始めて、柔軟性を持って修正を繰り返しながら量産していく。
大切なのは見極め力、失敗力、そして徹底力。

そこには、事業づくりには卓抜した才能がなくても、その方法論さえ身につければ成功できるという本人の哲学が宿っている。

「天才じゃなくても、普通の人（凡人）でも、正しい努力さえすれば勝てる」

小澤さんのこの持論は、ネット業界を代表する2人の大物経営者、ソフトバンクグループの孫正義会長兼社長、楽天グループの三木谷浩史会長兼社長の下で直々に働いた経験によって生まれ、磨かれていったという。ちなみに、本書では小澤さんが2人の大物経営者から得た教訓も随所に登場する。

実際、小澤さんの考え方は明快である。その方法論は起業家だけでなく、会社で働くビジネスパーソンにも役立つだろう。

「大事なのは、興味を持って仕事に取り組む好奇心。やり方さえ知っていれば、どんなところにいてもおもしろい事業はつくれる」

「自分で仮説を立てて、パズルのピースを一つひとつはめていく喜びを一度でも知れば、どんな事業も夢中になってできる」

こうした視点も、彼ならではのユニークな考え方だろう。

「意思決定のあり方」を考える

経営とはつまるところ、どのように意思決定するかである。

材料があれば判断しやすいが、多くは十分な情報がないまま決断を求められる。誰もが理解できる基準を、どのように言語化して共有すればいいのか。組織をマネジメントするための要諦も、小澤さんの〝講義〟を通して理解できるだろう。

本書は、小澤さんが事業を立ち上げるプロセスに沿って構成している。各論ごとに、起業家、会社員、投資家、そして経営者時代のエピソードを盛り込んでおり、読者のみなさんは、具体的な事例をイメージしながら読み進めていけるはずだ。

小澤さんは、かつて所属していたヤフーで、「小澤塾」という社内向けの人材開発プログラムを主催していたことがある。

今回、インタビューをしている途中、私は十数年ぶりに、そこを記者として取材していた当時の気持ちを思い出した。小澤さんが手掛けている事業は変わったけれど、考え方の本質はほとんど変わっていない。

スタートアップ、大企業を問わず、組織に活力を生み続ける上で新しい事業を仕掛けられる人材は多いに越したことはない。

そう考えると、本書でまとめた小澤流の事業立ち上げメソッドは、なにもスタートアップの起業家だけでなく、大企業の中でプロジェクトや新規事業開発などを任されたビジネスパーソンや、NPOなどの社会活動で人を巻き込みながら事をなそうとする挑戦者など、幅広い読者が実際に日々の仕事の中で生かしていけるに違いない。

本書を通じて、少しでも事業づくりに興味を持ち、挑戦する仕掛け人が増えれば本望だ。

講義の間には、小澤さんの盟友や先輩、薫陶を受けた〝門下生〟や仲間の「小澤評」を加えた。客観的に見た彼の能力についても理解できるだろう。

では、始めていこう。

時期	出来事
1972年	千葉県生まれ
大学時代	父親の会社の倒産と共に60億円の借金を背負う
1995年	早稲田大学法学部卒業後、CSK(現SCSK)入社
1999年	オンラインオークションのスタートアップ「ビズシーク」を起業
2001年	ビズシークを楽天に売却、子会社に
2003年	楽天がビズシークを吸収合併、楽天に入社してオークション担当役員に就任する
2005年	楽天野球団取締役事業本部長に就任
2006年	楽天を退職、個人投資家としての活動を始める
2009年～2012年	楽天の顧問を務める
2011年	SNSマーケティングのスタートアップ「クロコス」を起業
2012年2月	「すごい豆まき」を東京タワーで初開催する
2012年9月	ヤフー(現LINEヤフー)がクロコスを買収、ヤフーに入社
2013年7月	ヤフー(現LINEヤフー)執行役員ショッピングカンパニー長に就任
2013年8月	アスクル社外取締役に就任
2014年4月	YJキャピタル(現Zベンチャーキャピタル)の代表取締役に就任
2016年3月	バリューコマース取締役に就任
2018年4月	ヤフー(現LINEヤフー)常務執行役員 コマースカンパニー長兼コマースカンパニーショッピング統括本部長に就任
2018年6月	Pay(現PayPay)取締役に就任
2018年10月	一休の取締役会長に就任
2019年6月	ヤフー(現LINEヤフー)取締役専務執行役員 コマースカンパニー長兼コマースカンパニーショッピング統括本部長に就任
2019年10月	ヤフー(現LINEヤフー)取締役専務執行役員COO(最高執行責任者)に就任
2020年6月	ZOZO取締役に就任
2022年2月	出前館の社外取締役に就任
2022年4月	Zホールディングス(現LINEヤフー)取締役専務執行役員 E-Commerce CPO(最高製品責任者)に就任
2022年4月	ヤフー(現LINEヤフー)代表取締役社長 社長執行役員CEO(最高経営責任者)に就任
2023年4月	Zホールディングス(現LINEヤフー)取締役専務執行役員に就任 CGSO(Chief Group Synergy Officer)E-Commerce CPO
2023年9月	ヤフー社長を退任
2024年1月	ベンチャーキャピタルのBoost Capitalを設立、代表に就任

小澤隆生　凡人の事業論　目次

第2講

事業立ち上げの第一歩

「ゴール設定」ですべては決まる

実録・楽天イーグルス創業①

COLUMN

第3講

戦略の本質

その「打ち出し角度」は正しいか

実録・楽天イーグルス創業②

第4講 成功のセンターピン
「根源的欲求」を見極める
弁当宅配、診療所、ハウツーサイトの共通項

第5講 失敗力を高めよ Howは試行錯誤とスピード勝負
Yahoo!ショッピング再生の秘策

第6講

勝者の資質

しつこい人間が最後は残る

三木谷・孫、2大経営者の執着心に脱帽

COLUMN

第7講

組織の動かし方

ワンフレーズが意識を変える

PayPay躍進の原動力

第8講

リスク管理の要諦

決められない状態をつくらない

資本政策には要注意

第9講 小澤隆生の人生論

仮説を立て、問い続ける

祭りは見るより参加せよ

第 1 講

事業立ち上げの心構え

凡人でも素質がなくても成功できる

まずは勝ち方のパターンを知る

Q

新しい事業を立ち上げるのに、最も必要な能力は？

A

とにかく、執行力。

解説

発想力を鍛えるのは難しいけど、執行力はいくらでも磨くことができる。

極論、事業のアイデアなんて最初はなくてもいいし、ないなら、僕が山ほど提供できます。

業務遂行能力の高い人は、間違いなく事業家として優秀ですね。

起業家、事業家、投資家、スポーツ団体の協会理事……。これほど多様な事業経験を積んできた人物も珍しいかもしれない。

小澤隆生、52歳。2024年に創業したベンチャーキャピタル、ブーストキャピタルの代表である。

小澤さんは、大学卒業後に入社したCSK（現SCSK）時代に、インターネットオークションのスタートアップを起業。その後は一貫してネットの力を生かして世の中にインパクトを与える事業をつくり続けてきた。

起業した会社を2001年に売却して楽天グループに入ると、三木谷浩史・楽天グループ会長兼社長の下、執行役員として数々の新事業の立ち上げやM&A（合併・買収）を担ってきた。2004年に楽天がプロ野球への参入を表明すると、球団創立の主要メンバーとして参画。前例のない企画を次々と成功させ、不可能と言われた初年度からの黒字化を果たした。

2006年に楽天を退職した後は、エンジェル投資家としてスタートアップ育成に関わった。2011年に再び起業、2012年にその会社を今度はヤフー（現LINEヤフー）に売却して傘下に入る。ヤフーではベンチャーキャピタルの創設、eコマース（電子商取引）事業の立て直し、そして決済事業「PayPay」の立ち上げなどを担当。大車輪の活躍を見せ、親会社であるソフトバンクグループの孫正義会長兼社長からも大きな信認を得た。

2019年にヤフーCOO（最高執行責任者）、2022年には4代目CEO（最高経営責任者）に就任してグループ約2万8000人を率いるトップとなり、2023年に退任。その後、再びスタートアップの世界に戻った。

多忙な本業の傍らで東京五輪の招致などに関わったり、JFA（日本サッカー協会）の理事を務めたりするなど、様々な肩書を持つ。

「事業づくりには勝ち方のコツがある」という小澤さんは、幅広い事業活動の経験から、独自の事業立ち上げメソッドを確立した。新しいビジネスの構想づくりから、具体的な戦略・戦術づくりまでを網羅し、シンプルで明快なフレームワークに落とし込んだのである。この考え方を理解し、正しく実践すれば、誰でも事業を一定の成功に導くことができると小澤さんは言う。実際、機会があるたびに、彼流の事業立ち上げ論を起業家や企業の後輩に伝えてきた。

「才能のある人にしか、事業を成功させることができないと思っている人が多い」と小澤さんは指摘する。自分の能力を信じ切れずに起業を諦めたり、一歩踏み出すことに躊躇《ちゅうちょ》したりする人を、これまで何人も見てきたというのだ。

しかし、彼の視点で見れば、その多くは単に「正しいやり方を知らないだけ」なのだという。こうした誤解を解き、正しいやり方を知れば、意欲のある人がこれまで以上に新しい事業を生み出せるようになる。そうなれば、日本全体の活性化につながるに違いない――。そう、小澤さんは考えている。

そこで、私が聞き手となって、彼の事業づくりの過程を聞き出していった。その話をまとめ、全9回の講座のように編集したのが本書である。

分かりやすくするため、各回には小澤さんが実際に携わった事業が登場する。それらを具体例に、事業づくりの要点を構造化していった。そう考えると本書はいわば、小澤さんの事業論についての講義録ともいえる。

実際、小澤さんは自分で考え出したフレームワークを活用して、多くのビジネスやイベント、投資先のスタートアップを成功に導いている。そのため本書で書かれている内容は、起業家や企業の新規事業担当者だけでなく、何か事を起こして成功させたい世の中のあらゆる人がターゲットになる。

この章ではまず、小澤さんがなぜ、独自の方法論をつくり上げるに至ったのか、その背景を聞いていく。そこには、彼がこれまでに出会った天才経営者との経験が少なからず影響している。

――小澤さんが起業家として自分で立ち上げた会社を経営していたのは3年半。一方で、その6倍ほどの期間を、楽天やヤフーなどで働いてきました。実は会社員のキャリアの方が長いんですね。

小澤　そうなんですよ。何となく起業家として見られることが多いんだけど、実際は会社員生活の方が圧倒的に長いんです。プロの組織人と言ってもいいくらいですよ。

だから、僕は自分のことを起業家とはあまり思っていなくて、事業づくりの専門家、いわば「事業家」だと思っているんです。英語で言うと「エグゼキューション（execution）」、いわゆる執行のプロフェッショナルですね。

——起業家と事業家は違うんですね。

小澤　似ているけど、僕の中では定義が少し違います。起業は文字通り解釈すれば、「業を起こす」ことです。新しいビジネスを発想して、会社を起こして、大きく成長させていくといったイメージがあります。例えば、僕がお世話になった三木谷（浩史・楽天グループ会長兼社長）さんや孫（正義・ソフトバンクグループ会長兼社長）さんは、間違いなく起業家ですよね。

——なるほど。では、事業家とは？

小澤　僕は、**事業家は事業やサービスを立ち上げ、成長させることにフォーカスする専門家**だと考えています。もっと分かりやすく言えば、自分が社長でいたいか、社長でなくてもいいかの違いですね。

僕の中では起業家には大きく2つのタイプがあると思っています。一つは、自分が起こした会社をとにかく大きくしたいと考えている人。先ほど出た三木谷さんや孫さんをイメージすると分かりやすくて、オーナーとして会社を成長させることに誰よりも執着しています。手掛ける事業をどんどん変えながら、とにかく会社を大きくしていこうとしている。2人が会社のトップを降りるなんて、あまり考えられないじゃないですか。

　このタイプの起業家は、自分が起こした会社と一心同体で、オーナーとして会社を牽引し続けることを何よりも大切にしています。まあ、当たり前ですよね、自分の会社なんだから。

――歴史に名を残すような大きな事業を成し遂げたいと考えるタイプですね。そのためには手段（事業）はあまりこだわらない、と。

小澤　もう一つのタイプは、自分が心からやりたいことを純粋に追求し続ける起業家です。医療や教育など、特定の分野に多いタイプで、

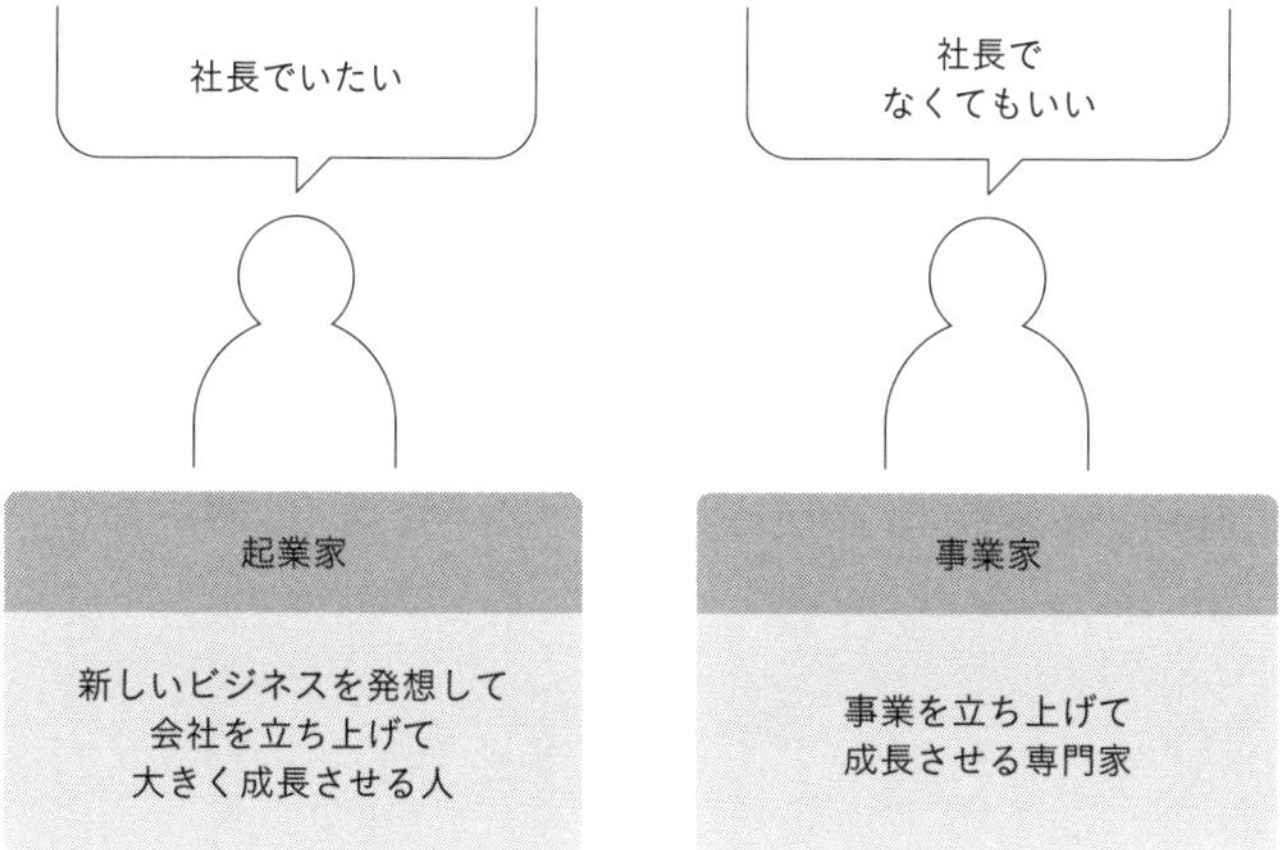

起業家と事業家は、似ているようで違う

起業家と事業家の違い

自分の名声よりも、とにかく「自分のやりたいこと」を実現するために突き進む。僕の考える事業家や社会起業家の多くは、こちらに入ると思っています。

——大きなことを成し遂げたいと考える野望型か、純粋に自分の志を追求する夢追い型、というイメージですね。そして小澤さんはどちらかというと後者に近いと。

小澤　厳密に言うと、自分は特殊なハイブリッド型だと思っているんだけど……そうですね、僕の事業家のイメージは、どちらかというと後者に近いです。

先ほど言った「別に、自分が立ち上げた会社の社長でなくても構わない」という意味では、僕も本当にそう思っていて。それよりも、**事業を成功させる環境に身を置くことを優先したい**と考えています。

決して社長をやりたくないわけじゃないんですよ。けれど、こだわりはありません。むしろ事業づくりを思いっきりやらせてもらえるなら、組織の中で働くことも全然苦じゃない。そのために自分の会社を売ることにだって抵抗はありません。**世の中により大きな驚きを与えられる選択肢はどちらなのか。**それをいつも考えながら進む方向を決めてきました。

ゴールへの道は「起業」だけじゃない

――確かに、小澤さんのこれまでの経歴はそれを物語っているように見えます。

小澤　僕は、1999年に中古品売買のオークションサービスを手掛ける「ビズシーク」を創業しました。当時、この分野の先駆けはヤフー（現LINEヤフー）が提供していたYahoo!オークション（ヤフオク）でした。彼らを超えることを目標に頑張って事業を続けていたけれど、結局、自力で追い抜くことはできず、色々な縁によって、2001年に会社を楽天に売却し、楽天グループに入りました。

楽天でもオークション事業を担当したけれど、ヤフオクの背中は遠いままでした。その後、僕はオークションを離れてプロ野球球団の立ち上げなど、別の事業に関わることになりました。

ところが色々な巡り合わせが重なって、2012年にヤフーに入社することになったんですね。そして、いくつかの役職を経た後、最終的に、僕はヤフオクを管轄する責任者になり、もう一度、オークション事業に携わることになりました。起業したときに「超えたい！」と目指していたヤフオクを、何と自分が運営する立場になったんです。

ビズシーク▼

小澤さんが1999年に立ち上げた中古オークションを手掛けるスタートアップ。新卒で入社したCSK（現SCSK）の同期と創業した。2001年に楽天に売却し、2003年に吸収合併された。後の盟友となる川邊健太郎・LINEヤフー会長は、ビズシークのサービスの愛用者の一人だった。ビズシークとは、「ビジネスを探す（Seek）」という意味。

——おもしろいですね。

小澤　僕の例は極端かもしれないけど、こういう形で自分が描いていたゴールを達成する方法もある、ということです。僕がやりたいのは、あくまでも事業を通して世の中に大きなインパクトを与えることです。それが実現できるなら、自分が立ち上げた会社だろうが、誰かの会社だろうが、あまりこだわりはないんですね。

むしろ、楽天やヤフーといった規模の大きい会社で事業を手掛けた方が、世の中への影響は圧倒的に大きいし、資金やリソースも潤沢です。自分が立ち上げた会社で挑戦を続けるよりも成功する確率は高いでしょう。

――「自分が立ち上げた会社にこだわらない」という裏には、そんな考えがあったんですね。

小澤　おもしろいことに、楽天ではオークションを手掛けた後、プロ野球球団の創業というなかなか経験できない新事業立ち上げの機会にも恵まれました。オークションとはまったく違うビジネスを知ることができたし、何よりもこのときの体験は僕にとって、事業立ち上げのフレームワークづくりの原点になりました。

「勝率」を常に意識する

――いくつもの事業を立ち上げてきた中で、小澤さんが意識している意思決定の原則は何ですか。

小澤　シンプルな判断基準として**「勝てる可能性」を常に考えること**です。仮にAとBの選択肢があった場合、どちらの道に進めば自分の目指すゴールに近づく可能性が高いのか。勝てる確率のようなものは、いつも念頭に置いていますね。

先ほどのオークションサービスでいえば、自分で立ち上げた会社を続けた場合と、もっと大きな組織の中で事業を手掛けるなら、どちらが社会に対して大きな影響を与えられるのかを比べます。単純に考えれば、大きな組織でやる方が成功できる確率が高いわけですよね。そんなふうに物事を見ながら、進む方向を決めています。

——直感や感覚で決めるわけじゃないんですね。

小澤　厳密に数字をはじき出すわけじゃないけど、どちらの方が勝つ可能性が高そうなのかは、決める前にいつも考えています。

　当然、判断を下すには材料が必要です。だから、その時点で集められる限りの情報を集めて分析もします。過去の事例を調べたり、色々な体験をしたりして、常に情報感度を高めています。でも、大抵は「常識で考えたらこっちだろう」というケースが多いですよ。「英語が話せるか話せないかでいえば、話せた方がいいに決まってる」「人との交流は多い方がいいか、少ない方がいいかでいえば、多い方がいいだろう」とか。まあ、ざっくりとでもいいから、いつも自分なりの判断基準を持っておくことが僕の行動原則ですね。

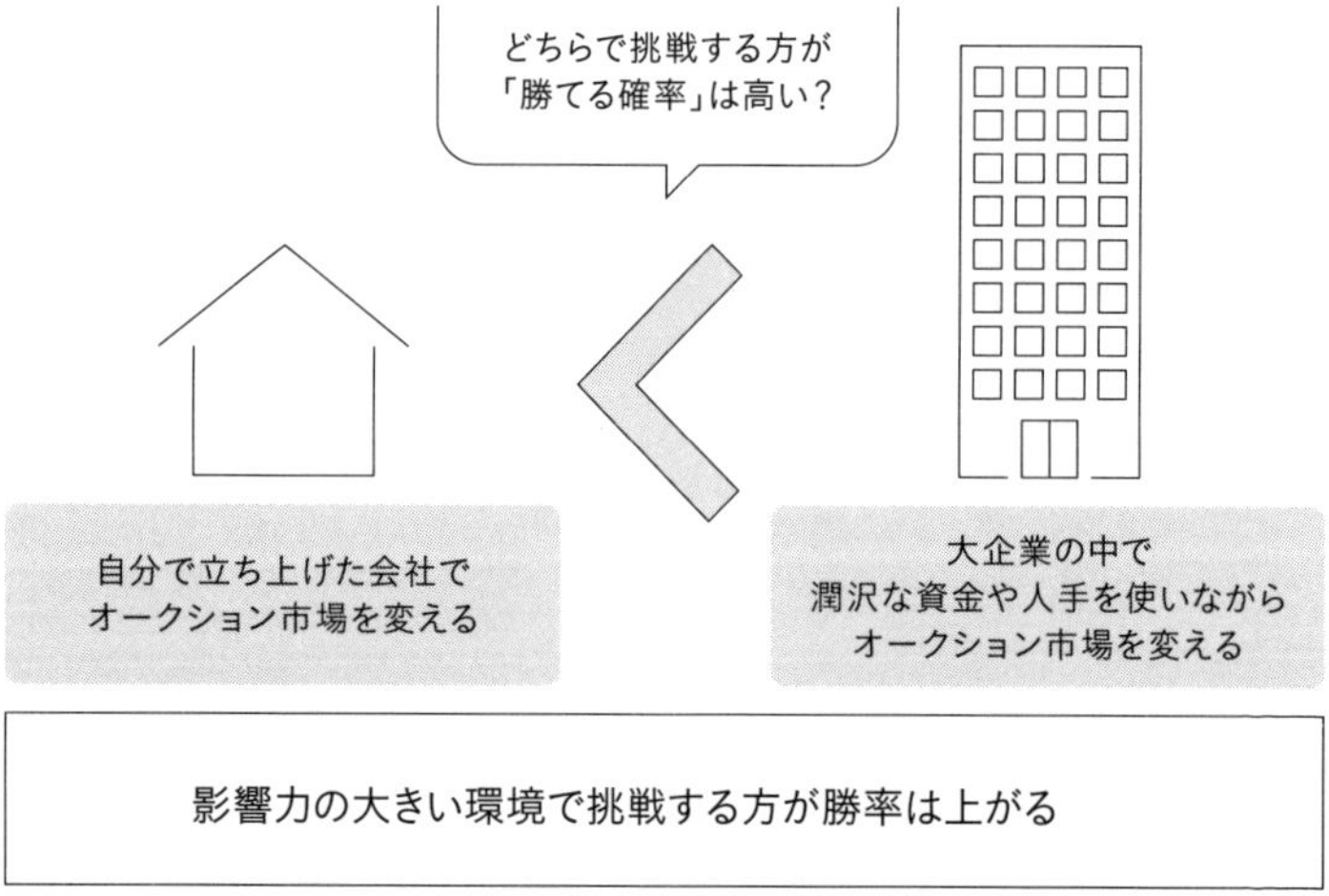
どちらで挑戦する方が
「勝てる確率」は高い？
自分で立ち上げた会社で
オークション市場を変える
大企業の中で
潤沢な資金や人手を使いながら
オークション市場を変える
影響力の大きい環境で挑戦する方が勝率は上がる

意思決定の原則

正しい意思決定のフレームワーク

――どうしてそのような考えを持つようになったのですか。

小澤　いくつか理由はあるんですけれど、一番大きいところでいうと、どんな人でも考え方のフレームワークを覚えていれば正しい意思決定ができるし、事業だって立ち上げられると確信しているからです。

一般に、起業や事業づくりってとてもハードルの高い仕事だと思われているじゃないですか。やるべきことが多いし、リスクも高そうだと。そういうことができるのは、一部の才能のある人だけだと思われている節があります。

でもそこには誤解があって、**実際にはやり方を理解すれば、誰でも事業を立ち上げることができるんです。**しかも正しい意思決定ができれば、大成功とはいかなくてもある程度の確率でいいところまで持っていくことができます。

もっと言うと、成功したといわれる起業家や事業家の多くも最初から才能にあふれていたから会社を経営できているわけじゃないんです。その事実を知ってほしいんですよ。

次から次へとアイデアがひらめいて、直感で意思決定して、新しい事業をバンバン当てていく。そんなことができれば最高だけど、大半の人には無理な話です。**僕も含めて、多くの人は事業づ**

くりの天才じゃなくて、〝凡人〟なんです。そんな普通の人でも、練習して経験を積めば事業家になれる。それを証明したいと思っています。

——小澤さんの経歴を見て、凡人だと思う人は少ない気がしますが……。

小澤　もしかしたら努力という面では「中の上」くらいできるかもしれない。でも、起業家という面を見れば、僕よりも実績があって素質のある人は山ほどいますよ。自分のことを冷静に見ているから、それはよく分かるんです。まあ正直に白状すると、起業したての若かりしころは自分が天才だと思っていたこともあります（笑）。5年もかけて練り上げた中古品オークションの事業アイデアが当たって、「これを思いついた俺は本当にヤバい」と思っていました。

三木谷氏と出会い、実力の差に衝撃

小澤　ところが、起業してから2年ほど経って、楽天の三木谷さんに出会いました。このとき、その能力に衝撃を受けたんですね。

サービスを立ち上げた時期はほぼ同じなのに、楽天は自分たちよりもはるかに先を進んでいました。会社の勢いも成長のスピードもまるで違う。そして結果的に、僕は楽天に買われる側になりました。

当初はショックだったけど、楽天に入って三木谷さんの考え方や経営手法を目の当たりにしたら、ここまで差がついた理由に納得がいきました。意思決定の早さと正確さもさることながら、自分の考えを柔軟かつ大胆に変えながら、猛烈なリーダーシップで周囲を引っ張っていました。その姿に脱帽したんです。

「ああ、こういう人を天才っていうんだな」と。三木谷さんに比べたら、僕は勉強不足だったし実力不足だった。「自分は天才なんかじゃない」と恥じ入ったんです。

加えて、ビズシークが当たった後は、僕が「これだ」と思った打ち手がなかなかうまくいかないことが増えていたんです。すべてダメということではないけど、自分の中で立てた仮説が外れて、勝率がじわじわ下がっていました。

誰がやっても解ける公式をつくる

――それは、自信を失いそうですね。

小澤　それが、おもしろいことに当時は自信を失うよりも、「自分の実力はまあ、こんなものかな」と妙に腹落ちしたんですよ。若かったし、もともとの楽観的な性格もあったかもしれません。

きっと三木谷さんのような人を天才と呼ぶのだろうし、むしろ天才じゃない自分のような人間は、勝つ確率を上げるための努力を怠ってはならない。そのことに気づいてやる気が出てきたんです。

そこからですよ。どうやって勝つ確率を上げればいいのかと考え始めたのは。

これまでは、たまたまうまくいったのかもしれない。でも普通はうまくいかないことの方が多い。だったら、うまくいかない前提に立って成功する確率を高める方法論を考えよう——。そんな発想に切り替わっていきました。

ちなみに後で分かったのは、三木谷さんや孫さんだって、全部が全部うまくいってるわけじゃない、ということでした。周囲から天才と評価される経営者ですら失敗するんだから、普通の人はもっともっと努力しないといけないわけですよ。

——そこから、普通の人、いわゆる〝凡人〟でも勝てる事業の立ち上げ方を考えるようになっていくわけですね。

小澤　オリジナルのフレームワークが固まったのはもう少し後だけど、自分のような凡人が事業を成功させるにはどうすればいいかを考え始めたのはこのころです。何となく、カギは「誰がやっても解ける公式をつくること」にあるのではないかと考えていました。

イメージとしては、みなさんも経験したであろう受験勉強に似ています。普通の人が問題を解く場合、天才的なひらめきに頼るのではなく、コツコツ勉強してできるだけ公式を覚えていきますよね。すると、同じパターンの問題なら誰がやっても解けるようになります。

大事なのは才能よりもやり方

――事業の成否を分けるのは才能やセンスではなく、どれだけやり方の「公式」を知っているかというのは興味深いです。

小澤　先に結論めいたものを言ってしまうと、これまでの経験を通じて、僕は事業立ち上げのステップを大まかに次のような順番で整理しています。

> 1　最低限達成すべきゴールを決めて、事業の「センターピン」を見極める
> 2　仮説を立て、テストを繰り返して、ゴールに最短で到達する「正解」を見つける
> 3　見つかった正解を、徹底的に「実行」する

簡単に言えば、**事業を成功させるには目指すべき正しいゴールを定めて、正しい優先順位をつけて、そこに向けて実行していく**ということです。

――特別なテクニックは必要ないと。シンプルにしているのには理由があるんですか。

小澤　そもそも、戦略をつくる上で特殊なスキルはほとんど必要ないんです。シンプルにしている理由は、分かりやすくないと多くの人に理解してもらえないからです。

事業を成功させるには、僕一人が理解しているだけではダメで、一緒に働くチームや組織の全員が腹落ちしている必要があります。だからメッセージはできる限り分かりやすく、端的なフレーズがいいんです。これも色々な経験を経て至った考えですね。

もう一つの理由は、**事業づくりに奇策は不要だ**ということです。「当たり前のことを言ってるだけでは？」と感じた人はアタリです。普通に考えれば、こんな方法論は誰でも思い至ることなんですよ。

だけど、この当たり前をできている人や組織は意外と少ないんです。**やり切っていると自信を持って言える人はほとんどいない**んじゃないかな。

優先順位をつけられていない人が多い

――仮に企業の中で新規事業を立ち上げるにしても、それは重要な経営課題のはずなのに、当たり前のことができていないケースが多いということですね。

小澤　これは想像だけど、事業づくりってあまりにも考慮すべき要素が多すぎて、すべてを網羅した上で**何が本質的に大切なのかという優先順位をつけられていない人が大半**なのではないかと思っています。

例えば入学試験に受かるノウハウなら、多くの人が実際に体験しているから、本質的なアドバイスをできる人も多いでしょう。成功のポイントはネットにもあふれています。

でも、事業づくりとなると経験している人は圧倒的に限られるし、実際にそれを語っている人はほとんどいません。

「事業で成功するには最低限達成するゴールを決めよう」ということ一つとっても、当たり前の結論だけど、説得力を持って説明するには、それを補強するリアルな経験が必要になります。

――その意味で小澤さんはスタートアップ、大企業、ベンチャーキャピタルなど、色々な立場で事業づくりをしてきました。だからこそ語れる話もあるし、説得力もあります。

小澤　そう言われるとありがたいですが、僕の掲げるフレームワークは、まあ、本当にシンプルで奇策はないんですよ。拍子抜けするほど当たり前のことを言っています。

でも繰り返してしまうけど、現実には当たり前のことさえ当たり前にできていないケースも多いんですよ。当事者になると、どうしても目先の変化に追われて本質を見失いがちになるんです。

だからこそ、**ちゃんとやれば成功の確率は上がる**ということでもあるんですけどね。

事業の優先順位一つとっても、意識するのかしないのかで結果は全然違ってくるんです。フレームワークを理解し、徹底して実行すれば、誰でもある程度は成功できる。コツをつかむまでには多少時間はかかるけど、一度できたらきっと何度でもできるようになります。

誰もがイノベーターになる必要はない

――小澤さんは、このフレームワークを通じてビジネスパーソンにエグゼキューションの重要性を訴えたいそうですね。

小澤　よく、世の中に対して優れたアイデアを持っている人、革新力のあるイノベーターこそ求められる人材であるといった論調を見かけます。もちろんそれも正論なんだけど、実際に事業をつくってきた立場で言うと、僕は全員がイノベーターになる必要はないと思っているんです。なぜなら、現実にはおそらくほとんどの人はそんなことはできないから。**誰もがイーロン・マスクのような突き抜けたアイデアを生む能力を持つ必要はありません。**

僕も含めて、多くの日本人は既存の教育システムを通して、「既にある問題を解く」ことに慣れ親しんでいます。その是非は別として。

そんな環境で育った**僕らの強みは、アイデアを形にしていくエグゼキューション力（執行力）**だと思います。事業の成否は、その人の実行能力によって確率が大きく変わります。起業や新規事業は、どちらかというと「何をやるのか」というアイデアの方に焦点が当たりがちです。でも僕は**「どうやってやるのか」の部分の方が成功を左右する**と思っています。

仮に数学が得意だとして、「円と三角形でこれまでにない新しい問題をつくりなさい」と言われたら、できる人は少ないでしょう。でも「円と三角形があって、その面積を求めなさい」という問題ならみんな得意になって解きます。多くの人は、既にある問題の答えを求める作業に熟達しているからです。

僕だって、プロ野球の新球団をつくってくださいという課題を与えられたから一生懸命つくったわけだけど、これが「プロ野球に代わるような新しいスポーツビジネスを考えてください」だったら、難度はまったく違っていたでしょう。こっちの方が格段に難しいですよ。

アイデアは、なくていい

――与えられた課題に取り組んでどう解けばいいかを一生懸命考えることも、十分に価値のある能力だということですね。

小澤　もちろん、これまでにないアイデアを生むイノベーターが不要と言っているわけではありません。必要か不要かでいえば、日本からより多くのイノベーターを輩出した方がいいに決まっているし、そういう人を生み出す努力も続けないといけない。そうした教育はこれからもっと大切になっていくでしょう。

でも、強調したいのは、アイデアを生めないから、創造性に乏しいからといって、起業家や事業家として優秀じゃないかというと、そういうわけではまったくない、ということです。必要な才能は一つじゃないんですよ。

とりわけ、**事業づくりにおける大切なスキルについては、僕はいつもエグゼキューションだと答えています。**

世に知られている成功事業の多くは既存のビジネスを改善したものです。ユニクロを生んだファーストリテイリングはアパレル企業で、別に何か新しい頭にかぶるマスクを提案しているわけじゃありません。製造方法や販売方法、商品ラインアップに関して絶えず工夫を続けてきた結果が今のユニクロです。日本の製造業だって多くはそうでしょう。

——成功の背後にある大切な要素は、実はアイデアではなく、「どうやってやるか」というエグゼキューションだ、ということですね。

小澤　アイデア（何をやるか）**は間違ってなきゃ、まあ、いいんです。**でも、どんなにいい発想でも、エグゼキューション（どうやるか）を間違えたら失敗します。だから、僕は起業家や事業家の執行力にもっと注目が集まった方がいいと思っています。

経験上、執行力の高い人は、間違いなく事業家として優秀ですよ。一方で、アイデアがすばらしくても執行力の低い人は、僕の中では落第なんですね。

世の中には自分が思いつかなくても、解決できずに放置されている課題が無数に存在します。僕にだって、実現してほしいアイデアが山ほどあります。ベンチャーキャピタルを始めたのは、そういう執行力の高い起業家を探すためでもあります。

だから僕は、いつも若い起業家には、アイデアを探すのは最後でいいと言っているんです。むしろアイデアがなくたっていいくらい。起業したい、何か新しい事業を始めたいけどアイデアがなくて困っている人がいたら、くれぐれも悩まないでほしいですね。

では、どのようにして執行力を高めればいいのか。次から具体的なフレームワークを説明していきましょう。

第1講のおさらい

○ 事業の判断に迷ったら、常に勝てる可能性の高い方を選ぶ。

○ 事業の成否を分けるのは才能やセンスではなく、どれだけ正しいやり方ができるか。凡人でもやり方さえ覚えれば、大きな事業を立ち上げて世の中に影響を与えられる。

○ どんなにいいアイデアがあっても、やり方を間違えたら失敗する。ビジネスパーソンは発想力よりもエグゼキューション（執行）力を磨こう。

第 2 講

事業立ち上げの第一歩

「ゴール設定」ですべては決まる

実録・楽天イーグルス創業①

Q.

新しい事業を立ち上げる際には
何から始めますか。

A.

その事業で
何を達成したいのか
を考える。

解説

最初に考えるのは
まず事業によって
何を達成したいのかということ。
それを明確にするには、
徹底した情報収集が大切。
ライバル会社をとことん調べて、
目指すべきゴールを
決めていきます。

小澤さんの事業論の原点は、プロ野球球団・楽天イーグルスの創業経験にある。2004年、楽天のプロ野球新規参入に伴って小澤さんは球団オーナーである三木谷浩史・楽天グループ会長兼社長と島田亨球団社長(当時)を支える側近として、事業部門の責任者に就任した。

小澤さんら球団創業メンバーは、およそ半年後に開幕するというギリギリのタイミングで、球団事業の戦略をほぼゼロから立案し、開幕に間に合わせただけでなく、周囲からは絶対に不可能といわれた初年度収支の黒字化を達成した。野球を「見る」だけでなく「楽しむ」というコンセプトでボックスシートやイーグルストレイン、ジュニアチアリーダーといった、新しい企画を連発。「野球とは試合をじっくり観戦するもの」という従来のプロ野球興行の常識を覆した。

一連の経験を通じて、小澤さんは事業を立ち上げる要諦を理解したという。

事業づくりには大事な節目がいくつかある。それらを認識し、正しい方向に導くことが成功に欠かせない。そして、その第一歩が、「事業で何を達成したいのか」というゴールを明確にすることだ。凡人でも勝てる事業論の源流にある、球団創業のストーリーをまずは見ていこう。

楽天イーグルス▼

正式名称は、東北楽天ゴールデンイーグルス。2004年、プロ野球再編問題を受けてパシフィック・リーグに新規参入した50年ぶりの新球団。初年度のチーム戦績は、

38勝97敗1分けだったが、球団の業績は1億5600万円の黒字。日本のプロ野球史上初めて、球団がスタジアム経営を手掛け、対面で座るボックスシートやグレード別のファンクラブなど、ユニークな施策を投入して話題を集めた。パ・リーグの多くの球団が赤字に低迷する中で初年度から黒字を叩き出し、プロ野球界から大きな注目を浴びた。2013年、初の日本シリーズ制覇を達成した。

――楽天イーグルスの創業はどんな経緯で始まったのですか。

小澤　2004年9月のある日、三木谷さんの部屋に呼ばれて、「プロ野球チームをつくってくれ」と言われたんです。

三木谷さんのオーダーは単刀直入で、水面下で検討していたプロ野球への参入に名乗りを上げることを決めたから、新球団の立ち上げに参加してほしい、という内容でした。正確な言葉は忘れてしまったけれど、割とストレートに「球団をつくってほしい」というリクエストを受けた記憶があります。

――小澤さんは、それまで野球に関わりがあったんですか。

小澤　草野球に参加する程度です。この件に関わるまではほとんど野球に関わったことはなかったですね。特別、プロ野球に詳しいわけでもないし、個人的に応援しているチームもありませんでした。

でも、プロ野球の球団をゼロからつくるなんて経験はめったにできるものではないじゃないですか。実は当時、楽天を辞めようと考えていたんだけど、おもしろそうだという純粋な好奇心が勝ってしまって、三木谷さんに「やります！」と即答しました。

当時、球団社長だった島田さんは大きく「チームづくり」「ビジネス」「行政対応」という3つの担当分野を置きました。その中で、僕の担当はビジネスです。プロ野球という枠組みの中でいかに「お金を稼ぐか」を考える部門の責任者になりました。

――プロ野球というまったく土地勘のないところで、どうやってビジネスを立ち上げようと考えていたのでしょうか。

小澤　そうですよね。これは逆に質問してみたいんだけど、みなさんならどんなアプローチを考えますか？　まあ、球団の立ち上げだとあまり現実的じゃないかもしれないから、イメージが湧かないなら、球団を新事業や新会社に置き換えてもいいです。本質は同じですから。

――普通のビジネスパーソンなら「まずは上司の指示をあおぐ」と答えるかもしれません。

小澤　うん、それもある意味では正解です。新事業を始める上ではまず上長に意見を聞くことが大事ですからね。

ただ、これは僕の経験ですが、新事業の立ち上げのイメージを上司が具体的に持っているケースって、そんなに多くはないと思います。「成功させてほしい」という期待はものすごくあるけど、詳細な施策は「君たちで考えてくれ」と言われるケースが多いんです。新規参入となるとなおさらで、結局、自分たちで手探りで始める場合が多いでしょう。

プロ野球の場合は50年ぶりの新球団だったので、社内はおろか、球界全体を見渡しても、球団立ち上げの経験がある人はほとんどいませんでした。みなさん引退しているか、鬼籍に入られていたんですね。経験豊富な三木谷さんでさえ、プロサッカーのJリーグのチームを買収したことはあったけど、プロ野球に関してはほとんど知見がなかったんじゃないかな。

――その上、時間も限られていました。

小澤　そうなんです。楽天は２００４年11月２日に新規参入が認められましたが、その時点で既に翌２００５年４月にはホームでのシーズン開幕戦が決まっていました。自社の製品やサービスのように、自分たちの都合でローンチ日を決めたり、調整したりはできないわけです。12球団のどこが欠けてもリーグ戦は始められないので、「うちだけ間に合いませんでした」という状況は絶対に許されません。

実質、約５カ月で球団をつくるという極めてタイトなスケジュールでした。まあ、今考えても無謀ですね。

とにかく、最初から時間が圧倒的に足りなかったんですよ。一つひとつ上司の指示を待っていたら絶対に間に合いません。だから、まずは自分たちが主体的に考えて納得したものを共有し、それを三木谷さんや島田さんに報告して承認をもらう形でコミュニケーションをしていきました。受け身で指示を待つのではなく、能動的にやることを決めていくことにしたわけです。

ただ、三木谷さんからの球団創設に対する指示は、細かい具体的なものはありませんでした。注文といえば「いい球団経営ができるよう、健全な財務体質にしてほしい」くらいだったと思います。

ゴールの「51点」を決める

――そんな状況の中で、小澤さんはまず何から始めたんですか。

小澤　まずやったのは、ゴールを決めることです。**そもそも、僕らは何を達成するのかを簡単な言葉で明確に定義しよう**と思ったんですね。

新しいビジネスって、スタートラインがあったとして、どの方向にゴールを設定してもいいんです。360度、どの向きにも打ち出すことができる。だからこそ、どこに向かって走り出すのかが非常に重要なんです。

じゃあ、どんなゴールがいいのか。当時のプロ野球の状況は健全な財務体質の球団が望まれていたので、「黒字化」をゴールにする考え方がありました。あるいは、「１試合の観客動員数を○万人以上にする」といった設定もできました。この時点ではどんな発想をしても自由です。

その中で、やっぱり楽天にとって正しい方向を定めなくてはならない。それを僕らはどのように考えたかというと、**まずは「絶対に達成しなければならない」という最低ラインを決める**ことから始めました。

——最低限達成すべき条件が、正しいの根拠になるわけですね。

小澤　学校のテストに例えるなら、50点が合否の分かれ目だとして、51点を取ることを目指そうと決めたわけですね。

では、プロ野球の新規参入球団における51点とは何か。僕は当時、次の３つと結論づけました。

1 シーズン開幕日に、対戦相手と試合ができるチームがあること
2 プロ野球の試合が成立するスタジアムが完成していること
3 チケットを売り、購入したお客さんが球場で試合を観戦できること

要するに、**プロ野球の51点とは、チケットを販売して席を購入したお客さんが、スタジアムでちゃんと野球の試合を見られるようにすること**です。

極端な話、試合を見に来てご飯が食べられなくても、ビールが飲めなくても、不満はたまるけど、プロ野球の興行としては成立します。

でも、お金を払ったのに野球が見られなければ50点以下です。そもそもチケットが買えなかったらダメだし、買った人が野球を見られない状況では試合は成立しません。お客さんから「金返せ」と言われることは明白なので、絶対にこんな状況になってはいけないと考えました。

シーズン開幕の時点で球場が満員にならなくても構わない。でもチケットを欲しいという人がそれを買えて、球場に来たら試合を見られる状態にはしよう――。

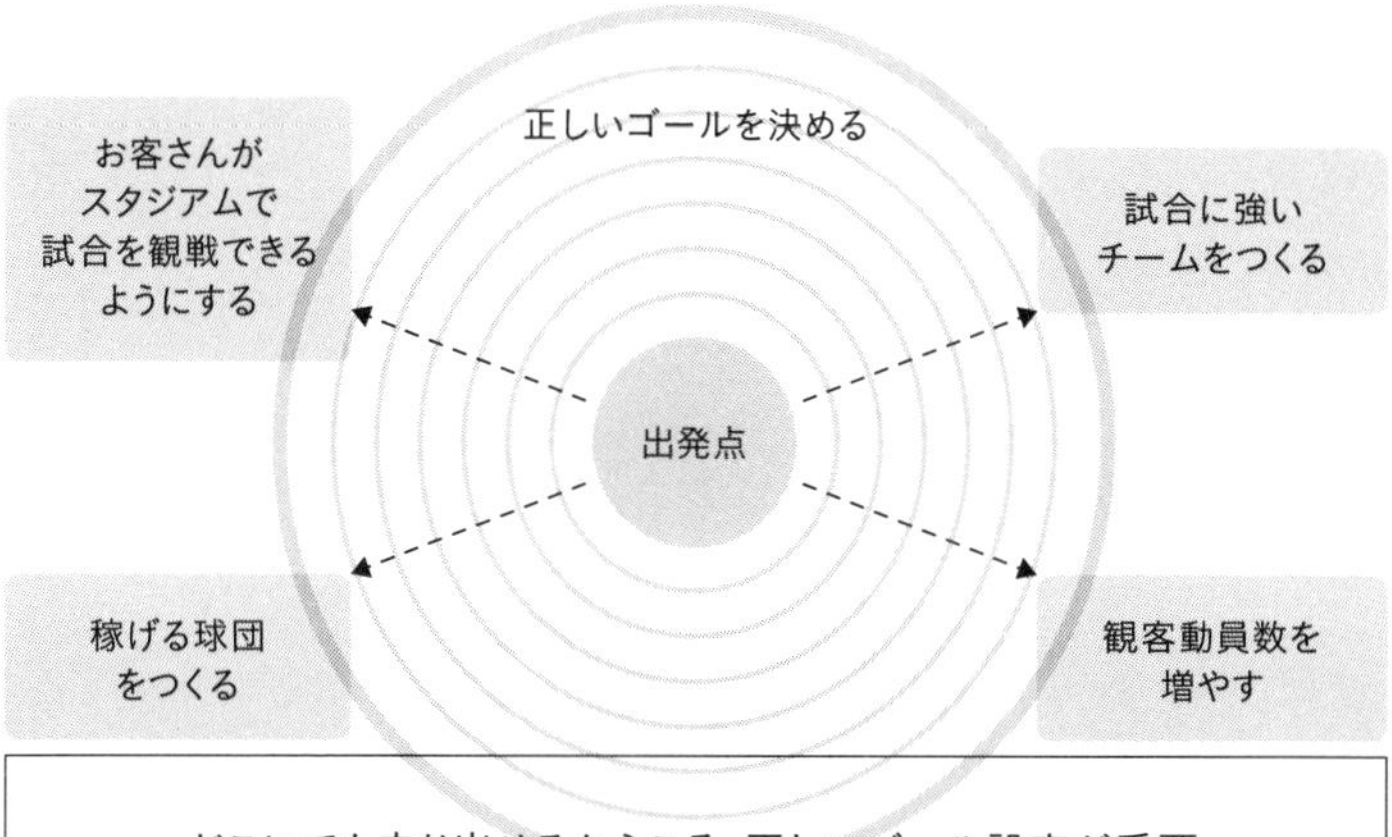

どこにでも走り出せるからこそ、正しいゴール設定が重要

ゴールの「51点」を決める

これを最低限達成する目標に定めて球団社員みんなと共有していきました。

まず51点をクリアして、そこから積み上げる

――「最低限、プロ野球の試合が観戦できるとはどんな状態か」を書き出したものともいえますね。

小澤 そうですね。考えてみれば当たり前のことばかりなんですよ。**誰が見ても「そうだよね」と納得できるもの**でもあります。プロ野球素人の僕でも分かるし、三木谷さんに伝えても、「まあ、そうだな」と言われないといけません（実際に言われました）。

後に改めて実感したけど、**ゴール設定はこの「まあ、そうだよね」という感覚がとても大事**です。物事の本質は大抵の場合、疑問の余地がありません。誰が見ても腹落ちして納得できる、極めてシンプルな内容のはずだからです。

奇抜な発想や奇想天外な目標、みんなが直感的に理解できないような難しいカタカナ表現は、ほとんどの場合、必要ありません。余計なものをできるだけ削ぎ落として、自分たちが本当に達成すべきことは何か、端的で直截な言葉に落とし込むようにしています。

こうして51点を定義し、仲間にはまずこれを何が何でもクリアしようと説明します。その上で、

飲食やグッズ販売といった施策を積み上げて、70点、100点を目指していきます。

何点を目指すかは、そのときのスケジュールとリソース次第です。当時は100点まで持っていくことは難しかったけど、「初年度はみんなで頑張って70点は目指そう」と伝えていました。

51点を決めたら、次はそれを達成するための戦略づくりです。プロ野球の試合を成立させることは必要ですが、三木谷さんからは健全経営というお題ももらっていました。僕らが参入したのも既存の球団が赤字だったからなわけで、なんとしても収支が黒字の球団にしたいという思いがありました。

成功の要因は考えるよりも調べる

小澤　では、どうすれば健全な経営ができるのか。これも最初は何も分かりませんでした。そんなときは、とにかく徹底した情報収集から始めます。
三木谷さんは昔からリサーチの大切さを説いていました。僕らが思いつくようなビジネスなんて、とっくにほかの誰かが思いついていると。それがうまくいっているなら、なぜうまくいっているのかと徹底的に調べるべきだし、そうでないなら、うまくいかない理由を徹底的に追求すべきだと繰り返していたんです。

――球団はほかにもたくさんありますから、まずはそれらを調べるべきだ、と。

小澤　ただし、当時の日本のプロ野球球団を調べるだけでは不十分なことはすぐに想像がつきました。だって、その大半が経営に苦しんでいて、だからこそ僕らが新規参入したという事情があったからです。

なぜ経営がうまくいっていないかの要因を分析することは大事だけど、自分たちが目指す健全経営を実現するには、手本となるほかのスポーツビジネスも調べる必要がありました。

手始めに、あらゆるプロスポーツビジネスをリサーチしました。サッカー、バスケットボール、アメリカンフットボールなど、世界中のプロスポーツリーグの興行を調べて、事業のヒントを得ようと考えたんです。

――とにかく幅広く情報を集めることから始めたわけですね。

小澤　時間もないので、学生アルバイトを10人ほど雇って調べてもらいました。調査の軸は2つです。

一つは時間軸。ほかの球団がどういう事業構造で成り立っているのか。歴史的にどのような経緯で今のビジネスモデルに至ったのか。なぜ赤字経営が続いているのか。大学生にネットや図書館に通ってもらって、ひたすら資料を探してもらいました。

もう一つは業界軸です。赤字に陥っている日本のプロ野球だけを調べても打開策は見出せません。あるいは人気球団の巨人や阪神を調べてまねをしたとして、コピーはできるかもしれないけど、それを超えることはできません。なので、積極的にほかのプロスポーツも調べるようにしました。

海外には日本よりスポーツビジネスが盛んな国がたくさんあります。アメリカのメジャーリーグやプロバスケットボール、欧州のプロサッカーリーグなど、成功していそうなプロスポーツリーグの情報を網羅して、プロスポーツビジネスの事業構造を比較していきました。

情報収集のコツ、「正しい問いを投げる」

小澤　時間のない中で、**効率的に調査をする場合に大切なのは、「自分が何について知りたいのか」を明確にしておくこと**です。

例えばチケットの販売について調べてもらうなら、いきなり「チケットについて調べて」と丸投げするのではなく、自分で事前に調べてある程度の概要をつかみます。野球のチケットなら、年間で売るものと前売りで販売するもの、当日券の3種類がざっくりある、といったところまでは自分で調べておきます。その上で、年間シート、前売り券、当日券をほかの球団はどうやって売っているのかを詳細に調べてもらう、といった具合です。

可能なら「年間シート」「前売り券」「当日券」とスプレッドシートの項目を先に埋めておきます。すると丸投げするよりもはるかにスピーディーに、的を射た調査結果が返ってきます。

――依頼をする側の意図をしっかりと相手に伝えることが大切なんですね。

小澤　そうですね。逆に条件や方向感を何も示さず、1から10まですべて調査をお願いすると、要領を得ない回答しか出てきません。

例えば「海外の大リーグを調べて」なんてざっくり聞くと、「ニューヨーク・ヤンキース：○○年創設、従業員数何人……」といった感じで、いつまで経っても本当に知りたい情報にはたどり着けません。

これは当たり前のような話だけど、意外とできていない人が多いんですよ。実際に僕も仕事で、「プロ野球の経営について調査して」というざっくりした依頼を投げる人をかなり見てきました。

やっぱり**仮説は自分で考えていないとダメだし、それは常に依頼する側の意思決定者が持っておくべき**ですよね。お願いする前に、まず自分で手を動かすことが大事です。

巨大なマトリクスで俯瞰する

――そうして集まった大量の情報をどうやって整理していったのですか。

小澤　集めた情報や資料は項目ごとに分けて、スプレッドシートにマッピングしていきました。横軸にはビジネスを構成している要素を入れます。先ほどの例で言えば、「ファンクラブ」「チケット」「グッズ」「スポンサー」……と記入していって、縦軸には実際の球団名を入れていきます。するとプロスポーツのビジネスモデルとその実施状況が大きなマトリクスとして俯瞰できるようになります。

――色々なスポーツのビジネスモデルを網羅した「見取り図」のようになっていくわけですね。

小澤　整理した情報を俯瞰すると色々なことが見えてきます。球団のファンクラブの価格帯や特典の差、チケットの販売方法……。スポーツによってどんな違いがあるのかを理解しながら理由を分析していきます。相対的にうまくいっている部分には色をつけたりして、それぞれのスポーツビジネスの特徴を把握していきました。

細かく見ていくと、やがてスポーツごとにどのビジネスがうまくいっていて、どこがうまくいっていないのかが浮かび上がってきます。マトリクスを俯瞰した上で、うまくいっているところを「いいとこ取り」する形で具体的な戦略や戦術を立てる際の基盤にしていました。

成功要因を要素分解していく

――だんだんとオリジナルのビジネスモデルになっていくわけですね。

小澤　そうですね。**この情報収集と分析作業を、僕は「要素分解」と呼んでいます。**プロスポーツというビジネスがどういう要素で構成されていて、業界ごとにどんな事業がうまくいっているのかが見えてきます。例えば調査の結果、僕らはプロ野球のビジネスを①チケット、②広告、③放映権、④グッズ、⑤スタジアム運営、⑥ファンクラブという要素に分解しました。

そして、それぞれの項目について、さらに要素を分けていきます。例えばチケットなら、先ほど説明した年間シートや前売り券、当日券に分解していくといった具合です。

とにかく要素がそれ以上分けられなくなるまで事業を細かく分けていきます。その後、それらを俯瞰して全体像を見ると、何をすればビジネスが成功するかというポイントが浮かび上がってきます。

要素分解をして全体像を把握する作業は、僕にとって戦略をつくる上で欠かせません。そのためにも色々な情報を集めます。インプットは多いほどいいです。当時はリサーチと同時並行で、専門家や業界関係者に何人も会っていました。自分の中にプロ野球ビジネスにおける尺度が出来上がるまで、あらゆるデータを集めていた記憶があります。

ちなみに、今でも、何か新しいことを始めるときにはまず人に会って情報を得るのが基本動作になっています。

暗い周囲を明るく照らす

――インプットの量が多いほど判断の精度は上がるわけですね。

小澤　事業を立ち上げて間もない時期は、真っ暗な闇の中で進むべき道を探しているようなものです。自分たちがどんな状況にあって、周囲がどんな地形なのかも分かりません。

そこから少しずつ、「ここに岩がある」「ここに滝がある」「こっちに道が続いている」といった情報を集めて全体像を把握していくと、やがて進むべき道を決められるようになります。

	①チケット	②広告	③グッズ	④スタジアム運営	⑤ファンクラブ
プロ野球チームA					
プロ野球チームB					
プロ野球チームC					
プロ野球チームD					
プロ野球チームE					
プロ野球チームF					
プロ野球チームG					
プロ野球チームH					
プロ野球チームI					
プロ野球チームJ					
プロ野球チームK					

事業を要素分解して情報を収集・整理する

「周囲を懐中電灯で照らして（情報をたくさん集めて）、できるだけ明るくしていこう」といった表現を使っていた記憶があります。

――どんな事業も全体像を把握せずして、ゴールを目指すことはできないと。

小澤　やっぱりインプットは大事ですよ。時々、アイデアを思いついたからといって、たいして調査もせずに事業を始めてしまう人がいます。でも、事業の成功確率を上げたいなら情報収集は欠かせないと僕は思います。

実際、当時も徹底した情報収集によって、プロ野球ビジネスの事業構造の課題とその解決策を突き止めることができました。次から、その詳細を説明していきましょう。

第2講のおさらい

○ 事業づくりで最初にすべきなのは「正しいゴール」を決めること。
○ 正しいとは「絶対に達成しなければならない」という最低水準のこと。これを定めて51点を取ることを目指す。
○ ゴール設定は、誰が見ても納得できるものにする。「まあ、そうだよね」という感覚が大事。

COLUMN

「人を動かすのではなく、巻き込む」

Visional社長
南 壮一郎
Soichiro Minami

ビズリーチを起業した直後、今でも覚えている小澤さんとのやりとりがあります。

挨拶の際、「南は起業家として目標はないのか」と聞かれました。それに対して僕が伝えたのが、「僕は小澤さんをいつか絶対に超えますから」というセリフです。

今なら真っ青ですけど、当時は僕も起業したばかりで血気盛んなころでした（笑）。誰よりも負けず嫌いで闘争本能むき出しで、自分以外は全員ライバルだと思っていたような時期だったので、思わずこんな言葉が出てしまったんだと思います。

すると、小澤さんは半ば呆れた顔でこう言いました。

「俺にそれを言って、これからお前のことを手伝いたくなると思うか？」

俺なんかを目標にしちゃダメだ。そうじゃ

なくて、自分は何のためにこの事業をつくりたいのかを考えろ、と伝えたかったのでしょう。

「仲間とどんな高みに立って、どんな景色を見せたいのか。世の中にどんなインパクトを与えたいのか、楽天イーグルスで散々伝えてきただろう」

お前は考えが実に小さいと笑われました。そうではなくて、日本中のみんながお前に協力したいと思えるような目標を立て、志を持つべきだ。そう諭されたんです。

本人に改めて聞いても、小澤さんは「俺はそんな偉そうなことは言っていない」と笑うでしょう。でも、小澤さんはいつもそんな感じで、心に刺さるアドバイスをしてくれる存在でした。

人をおもしろがらせて、巻き込んでいく

小澤さんがすごいのは、人を巻き込むことの本質を心得ていることです。その根底にあるのは私欲ではなくて大義だと思います。「なぜこの事業を、このタイミングでやることが大切なのか」を明快に語り、同時に聞く人をワクワクさせてくれます。無理に人を動かすのではなく、おもしろいと感じさせて巻き込んでいくのが本当に上手です。

しかも、それは自分自身のためではないんです。正直、それまでこんなに私欲がないビジネスパーソンに出会ったことがありませんでした。

というのも、僕は真逆の環境で育ったからです。幼少期をカナダで過ごし、アメリカの大学を

卒業して、外資系金融機関で働いていた僕は、厳しい競争の中で、常に自分を強くアピールしないといけないという意識を持っていました。ギブ&テイクという考え方が当たり前だし、自分の欲に忠実であることが正しいと信じて疑っていませんでした。成果を出し続けなければ生き残っていけなかったので、ある種のサバイバル本能が覚醒していたんだと思います。

そんな世界から来た僕にとって、小澤さんの考えは180度違いました。

「とにかく、みんなでおもしろいことをしよう」「仲間と一緒に世の中を大きく動かしていこう」

自分より仲間という考えは、それまでの僕の成功の方程式にはなかったし、アメリカだったら、そんな悠長なことを言っていたら絶対につぶされるんだけど……と内心は思っていました。もう、驚きの連続でした。

ところが小澤さんは、仲間と大笑いしながら、誰も蹴落とすことなく、次々と事業を進めていきました。徹底的に情報を集めて、本質的な課題を見極めて、どんどん人を巻きこみながら事業を成功に導いていくんですね。

もちろん、小澤さん本人も人一倍行動します。率先垂範で、誰よりも時間をかけて調べるし、誰よりも多く人に会って、考え抜いて、成功をたぐり寄せようとする。そんな姿を見ながら、僕の考え方は変わっていきました。

「我々に不可能なんてない」

楽天イーグルスの球団事業としての成功も、本質はそこにあったと思います。とにかく日本のスポーツビジネスの歴史を変えようと現場で奮闘していた小澤さんの姿に、僕だけではなくて、球団スタッフの全員が心を揺さぶられて、巻き込まれていきました。

今でこそ楽天イーグルスの成功は、もともとすごい人たちが集まったからだと言われたりしますが、全然そんなことはありません。真実は正反対で、当時は何者でもなかった20代、30代中心の若者たちが、50年ぶりの新規球団の立ち上げに、苦しみつつもおもしろがって挑んで、奮闘した末につかみ取った成功だったんです。

その結果、「世の中には不可能なんてない」と球団スタッフの多くが覚醒しました。自分の可能性を素直に信じて、何でもおもしろがって挑戦するようになりました。楽天イーグルスの創業期のメンバーたちがその後、次々と起業家として巣立っていったのは、決して偶然ではないと思います。

小澤さんには、事業をつくることの意味と意義を教えてもらいました。情報収集からビジネスモデルの組み立てまで、彼の目に映る成功の景色も、間近で見せてもらいました。

何のために事業をやるのか。ビジネスモデルの原理原則とは何か。仲間とは何か。そして何より、笑いながらビジネスで成功してもいいんだという、人生にとって大切なことを僕に注入してくれました。だから今も、20年前と変わらず小澤さんは憧れの経営者です。
後にVisionalが上場し、小澤さんに「南も仲間のために頑張れる経営者になったな」と声をかけられたときは本当にうれしかった。
世の中にインパクトを与え続けるための志を持ち、仲間たちと共に行動できる経営者になる。これからも小澤さんから教わったことを糧に、さらに学び続け、変わり続けたいと思います。

南壮一郎《みなみそういちろう》氏
外資系金融機関などを経て、2009年にビズリーチを創業。日本の中途人材市場活性化に貢献する。2020年2月にグループ経営体制に移行してVisionalを設立した。小澤氏と共に、2004年に楽天イーグルスの創立メンバーとして参加。新球団設立に携わった。

Visional
2009年に創業したビズリーチが、2020年にグループ経営体制に移行した際に設立された。従業員数は2000人超（2024年7月時点）。転職サイト「ビズリーチ」や人材管理プラットフォーム「HRMOS（ハーモス）」をはじめとするHRTech、物流、M&A、サイバーセキュリティなどの領域で事業を展開する。

第3講

戦略の本質

その「打ち出し角度」は正しいか

実録・楽天イーグルス創業②

Q 事業の「打ち出し角度」とはどのようなものですか。

A 意思決定の拠り所となる判断基準。

解説

事業の成否を分けるのは、
最初に定める判断基準次第です。
僕にとっては、
これを間違えないことが
戦略づくりの根幹になります。

ビジネスを始めるときは３６０度、どこに向けてでも走り出すことができる。だからこそ、走り出す方向を間違えてはいけない――。

これが小澤さんの戦略づくりの最初のステップである。

では事業の方向をどうやって決めればいいのだろうか。まず大切なのは、第2講で解説したゴール設定だ。すなわち、その事業で最低限達成すべき条件を見極めることである。

正しいゴールを設定した後は、コンセプトと優先順位を決めていく。コンセプトとは、いわば事業の方向性であり、これを小澤さんは「打ち出し角度」と呼ぶ。

同時に、ゴールを達成するために不可欠な要素を見極め、優先順位を付けていく。その最上位に位置する項目を「センターピン」と呼ぶ。

ゴールを設定し、打ち出し角度を定め、センターピンを見極める。プロ野球球団の創業を通じて身につけたこのステップこそ、小澤さんの事業立ち上げ論の核となる。

あらゆるプロスポーツのビジネスモデルを調査した結果、小澤さんら楽天イーグルスの創業メンバーが健全経営の打ち出し角度としたのは、「チームの強さに頼らない球団経営」だった。チームの強さに依存せず、スタジアムで過ごす時間そのものを楽しめるエンターテインメント施設づくりを目指すことになった。

――楽天イーグルスは初年度、経営方針として「チームの強さに頼らない経営」を目指すことになります。

小澤　まずはその背景から説明しましょう。新球団が拠点を置く仙台市は、ざっくり100万人が住んでいる都市です。仮に2万人収容できる球場をつくって、年間60回試合をするとしたら、120万人動員しなくてはなりません。

これは非常にハードルの高い数字で、仮に仙台市民の10％に当たる10万人が熱烈なプロ野球ファンだとしても、1シーズンに12回も足を運んでもらう必要があります。現実的にはかなり難しい条件でした。

しかも初年度は、チームがペナントレースで苦戦することが予想されていました。球団再編問題の経緯もあって、新チームの選手補強に他球団が協力してくれる可能性が小さかったんです。チームには申し訳ないけど、戦力的に優勝争いは望めそうにもない。つまりチームの強さを売りにして、勝利を期待して訪れるファンを想定した事業計画を立てるのは難しいだろうと考えていました。

仙台を本拠地にすることはトップダウンで決まっていたので、今さら拠点をほかに移すこともできません。じゃあ、どうするのか。議論した結果、球場のコンセプトをチームの強さに依存しないものにしようと決めました。要するに、試合の勝ち負けに焦点を置いたビジネスにしない、ということです。

「勝敗に依存しない」プロ野球とは何か

――逆に考えると、それまでの球団経営は何よりもチームの強さを当てにしたビジネスだったわけですか。

小澤　当然、チームが勝てば盛り上がるし、勝利を目当てにファンがより頻繁に球場に足を運んでくれればチケットやグッズが売れます。球団経営としても理にかなっているわけで、だからこそ多くの球団が人気と実力を備えた選手に巨額の契約金と年俸を投じて、強いチームづくりに勤しんできたわけです。僕たちもできることならそうしたかったですよ。

――でも、初年度はチームの強さに期待するのは難しかったわけですね。

小澤　勝ち負けだけを見に来るお客さんは、やっぱりチームが負けたら残念な気持ちになるじゃないですか。それが続けば、熱烈なファンでも不満が募ってだんだんと試合から足が遠のいていきますから、リピーターにはなってもらえないでしょう。

監督でも選手でもない僕らには、チームの強さをコントロールすることはできません。だから球団の立ち上げの時点では、当面はチームの強さに依存する経営はリスクが高いと判断しました。

もちろん、この状況は時間が経つにつれて変わっていきましたよ。

一方で、試合の勝敗に関係なく球場の施設が楽しかったと思ってもらえれば、また来てもらえる確率は上がるはずです。野球の試合以外に様々なイベントを併催して、球場施設や飲食サービス、あるいはファンクラブを充実させて、訪れるだけでも満足してもらえるような設計にすれば、何度も来てくれるでしょう。

その上でチームが試合に勝ったらもっと楽しい。とにかく、**お客さんが来場するだけで楽しめて満足していただける場にしよう**、という方向をまずは目指すことにしました。

――そこから、球場をエンターテインメント施設のように設計していくわけですね。

小澤　試合を見るために球場に来ていただくんですが、試合はあくまでもコンテンツの一つ。それ以外にも様々なイベントを用意して、球場に来ることそのものを楽しんでもらおうと考えました。

定まった「打ち出し角度」

小澤　方向が決まるとやることが明確になります。エンターテインメントである以上、イベントは魅力のあるものにしないといけないし、食事もおいしい方がいい。トイレも常に清潔感がなくてはいけません。

手本にすべき会社も自然と見えてきます。施設として参考にするのは同業の球場よりも、お客さんを楽しませることに長けている「東京ディズニーランド」や「ユニバーサル・スタジオ・ジャパン」であるべきです。

実際、これらの施設には何度も視察に行ってサービスを研究しました。いざ、参考にしようと意識して施設を観察すると、そのホスピタリティの高さに驚かされました。

そうしたリサーチの結果から、僕たちが取り入れられるものを検討してスタジアムの周りで機関車を走らせたり、ジュニアチアリーディングチームを組織したり、マスコットキャラの「Mr.カラスコ」を誕生させたりしました。

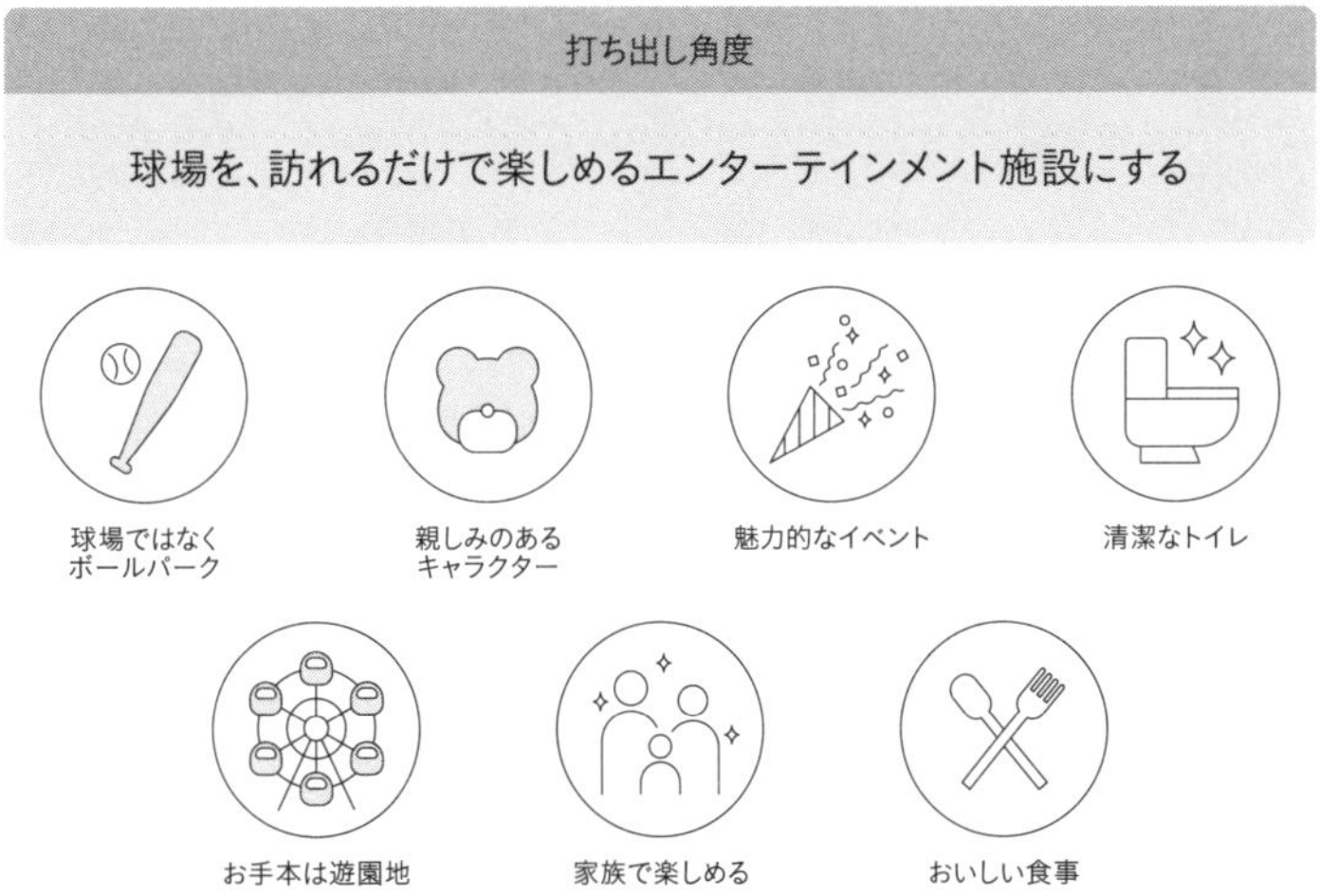

打ち出し角度が決まるとすべきことが明確になる

球場の呼び方も、「スタジアム」ではなく「ボールパーク」という表現に変えました。プロ野球を観戦してもらうのは大切だけど、球場に来る楽しみは試合だけではないということです。野球ファンでなくても楽しめるイベントを仕掛けて、それらも含めてお客さんに喜んでもらおう。そんな方向を目指しました。

――足を運ぶだけで楽しめる球場を目指すというコンセプトは、楽天イーグルスの事業全体にも影響を与えました。後に小澤さんはこのコンセプトづくりを「打ち出し角度」と呼ぶようになりますね。

小澤　僕のイメージとしては、自分たちが目指すゴールに到達するために、どの方向に走り出すべきかを最初に理解することが大事だという趣旨で使っていました。

第2講でも言いましたが、新しい事業は既存事業と違ってゴールがありません。360度、どこにでも走り出せます。だからこそ、どの方向に走り出すかが大事になります。どんなに足の速い（もしくは能力の高い）人でも、間違った方向に走り出したらゴールに到達できません。逆に、どんなに足が遅くても向かう方向さえ正しければ、いつかはゴールにたどり着けます。

――楽天イーグルスの打ち出し角度は、ほかにどんな選択肢があったのでしょうか。

小澤　例えばこのとき、**仮に打ち出し角度を強いチームに依存する経営と決めていたら、目指**

す方向も結果も全然違ったかもしれないですよね。

試合結果を重視して勝ち続けることを目指すわけですから、選手補強に大金を投じていた可能性はあります。強いチームができていたかは別にして、球団の状況はまったく違うものになっていたでしょうね。

常識破りの施策が生まれた理由

――「エンターテインメント」という打ち出し角度を設定したことで、具体的にどんな変化が起きたのですか？

小澤　一番大きかったのは、従来のプロ野球の常識とは違う視点から事業を考えられるようになったことです。

ディズニーランドのような施設からインスピレーションを受けた企画がたくさん誕生したと触れましたが、主役のコンテンツとなる野球でも、それまでにない新しい発想でサービスを開発できるようになりました。

中でも有名になったのがボックスシートという観客席です。通常の観客席は試合の中心であるグラウンドを囲む形で設置されているけど、ボックスシートはちょっと変わっていて、お客さん同士が向かい合って座ります。

――対面で話をしながら野球も観戦できるわけですね。

小澤　もともとこのアイデアは、「野球のライバルとなる存在は何か」という議論から始まりました。通常、野球の試合は夕方6時から始まります。この時間帯、僕らが球場に来てほしいと思っている人がどこにいるかというと、居酒屋やカラオケなんです。仕事終わりに居酒屋で仲間と一杯やったり、カラオケで盛り上がったりしているわけです。

――その人たちに球場に足を運んでもらう必要があるわけですね。

小澤　それまではほかの場所で費やしていた可処分時間を、いかにこちらに割り当てていただくかということですね。その観点からすると、プロ野球ビジネスの大きなライバルは、地元のJリーグの試合じゃなくて、こうしたお店なんです。

では、そもそもなぜお客さんは居酒屋に行くのでしょうか。おいしい食事や酒を楽しみたいのかもしれないけど、僕は、本質は誰かとおしゃべりすることが目的だと考えました。知人や仲間とのコミュニケーションを楽しむために居酒屋に行くわけです。ならば、その価値を球場で提供すればいいのではないか。野球場と居酒屋という施設の違いはあるけど、球場だって人との交流を楽しむ場を提供できます。

するると、観客席に工夫の余地があると気づきます。居酒屋にはテーブル席があって、お客さんは向かい合って座ります。でも野球は、球場に4人で来ても横一列に座らされます。これをコミュニケーションする場とした場合、居酒屋みたいな席があってもいいのではないか、と考えたんです。

――確かに、向かい合って座ってコミュニケーションを取る方が自然ですよね。

小澤　これを球場で再現したのがボックスシートです。これなら居酒屋のテーブル席に近い感覚で会話ができます。そして、横を見ればプロ野球の試合を生で楽しめる、というわけです。

始めるまではドキドキでしたが、実際やってみると反響はめちゃくちゃよかったんです。これはいける！ということで、一気に展開することを決めました。

――これまでのプロ野球観戦にはない発想に反発はなかったのですか。

小澤　一部ですが、慎重な意見はありました。球団経営に長く携わってきた人ほど、「球場は野球を見るもの」という考えが強かったんだと思います。試合に背を向けておしゃべりに興じるとは何事かと驚いたんでしょうね。

でも、これも打ち出し角度を説明すると納得してもらえる話なんです。もし強いチームをつくるというコンセプトなら、球場は徹底的に野球観戦に集中できるようにすべきです。しかし、僕らはエンターテインメント施設を目指すことに決めたわけです。勝敗に依存せず、試合以外の設備も含めて楽しんでもらうなら、これほどおもしろい座席はないですよね。

――打ち出し角度が意思決定の判断基準になるということですね。

小澤　後に、この考えが間違っていなかったと自信を持った出来事があります。楽天イーグルス1年目のシーズン途中、アメリカのスタジアムに視察に行ったときのことです。その球場では、試合の傍ら、家族や友人がピクニックテーブルに座りながらバーベキューをしていました。

試合を観戦するというよりも、バーベキューをしている隣でたまたま野球の試合があるという感じ。「最高にいいシチュエーションだ」と感心すると同時に、似た空間を演出しているボックスシートは絶対にいけるという手応えをつかみました。

今ではすっかり定着して、ほかの球場にも導入が広がっています。居酒屋にいるように会話を楽しみながら横でたまたま野球をやっている。ありそうでなかった野球の楽しみ方を提案できたと自負しています。

ワクワクする体験を提供する場に

――このエピソードを聞くと、確かに事業は走り出す方向次第で出てくる発想も変わってくることが分かります。

小澤　そうなんですよ。それくらい打ち出し角度は重要だということです。最初は誰も、新しい球団のお手本がディズニーランドになるとは思ってもいませんでした。でも、一つでもアイデアが形になると、どんどん次を試したくなるんですよ。

小さな仕掛けと言えば、試合の7回裏の攻撃の前に風船を上げることにしました。はじめは、「環境に悪い」「掃除が大変」などと色々な批判も出ました。それでも、風船が上がれば勝敗に関係なく楽しい気持ちになりますよね。試合は大差で負けていても、とりあえず7回の風船打ち上げまでは楽しいから帰らない、と思っていただけるかもしれない。

それ以外にも、球場を周遊するように子ども向けの電車を走らせたり、ジュニアチアリーディングチームをつくって女の子のファンを増やしたりと、「球場に来るだけで楽しい」と思える仕掛けをたくさんつくりました。

もちろん試合に負けていいとは思いませんでしたが、振り返っても、勝負にこだわらないエンターテインメント施設を目指す方向性は間違っていなかったのではないかと感じています。

成功の秘密は球団と球場の一体経営

――エンターテインメントという打ち出し角度を成功させる上で、最も大切な要素は何でしたか。

小澤　一番ポイントになったのはビジネスモデルです。具体的に言うと**球団と球場（スタジアム）の事業運営を一体化すること**にありました。

少し込み入った話になりますが、詳しく説明すると、当時の日本のプロ野球球団の多くは、チームを運営している球団と、球場を経営する会社に分かれていました。この関係はアーティストのコンサートと一緒で、球団は試合をするたびに球場に施設の使用料を払っていました。

――球団として球場の広告を売ったり、イベントをしたり、ボックスシートをつくって飲食店を盛り上げたりしても、球場と経営が別である限り、球団側の楽天イーグルスの収入にはならないということですね。

小澤　そうなんですよ。当時、日本の球団と球場の関係は、グッズや飲食、あるいは広告など、球場で発生した売り上げは、ロイヤルティーを除けば、球場を経営する会社のものになっていました。

例えば、日本のとある有力球団の損益計算書を見ると、確かに黒字なんですけど、球場に入っている広告の売り上げが立っていないことに気づきました。これは広告収入が球場を運営する会社に計上されているからです。当時は、収益を稼ぐのは球場であり、球団が稼ぐ方法は非常に限られていました。

僕らとしては「球団のために必死に頑張っているのに、収益が入ってこないのはどういう理屈か」と首をかしげたくなるわけです。エンターテインメント施設を運営するには、施設を自分たちで好きなように手を入れられるようにしなくてはなりません。では、なぜこうなっているかを調べてみると、これが日本特有の状況であることが分かりました。

端的に言うと、日本では伝統的に「球団はそれを所有する親会社の広告宣伝費の一部で運営する」という考え方が、この収支構造の源流にありました。

——プロ野球球団の親会社の多くは大企業であり、プロ球団とはその企業の広告宣伝の一部と捉えられていたわけですね。だから球団が赤字でも「親会社の広告なんだから仕方がない」と思われていた。

小澤　これが、日本のプロ野球球団が赤字に陥った根本原因でもあったんです。だから僕らは、だったら球場の儲けを球団に入るようにすればいいじゃないかと考えました。

球団とスタジアムを一体経営できるようになれば、広告、グッズ、飲食など、球場で展開するすべての事業が球団の儲けになります。努力した分だけ売り上げになって返ってくるわけです。

最終的に、この**「球団と球場の一体経営」が僕らのエンターテインメント戦略を実現する必須条件**になっていきました。

何とかその方法がないかと探していると、県営宮城球場と交渉する道が見えてきました。結果的に、楽天が宮城球場を改修する資金を拠出して所有者の宮城県に寄贈することを条件に、スタジアムの使用権を獲得しました。

――球団と球場の一体経営によって、エンターテインメント戦略の施策がすべて儲けにつながっていくわけですね。

小澤　そうですね。例えば、グッズ販売の収益構造が大きく変わりました。ほかの球団はロイヤルティーの売り上げしか計上していないため、グッズの売り上げが不自然なほど少なかったんです。

しかし一体経営なら、グッズの製造から手掛ければ、利益は丸々我々のものになります。そこでグッズを製造販売する子会社を設立しました。コストの安かった中国でそれらを製造し、スタジアム内の店舗と仙台駅構内の直営店で販売しました。

飲食店も同様です。12球団一の飲食施設を目指すべく、仙台の名物やおいしいものをすべて集めようと張り切りました。牛タンの有名店などに出店してもらって店舗を充実させました。テナントビジネスのように、スタジアムの取り分を各店舗の売り上げと連動する仕組みにしました。

このあたりは楽天のノウハウをフル活用しました。球場は売上高の数%をテナント料として受け取る仕組みだったので、それぞれの店舗が成功しなければスタジアムの取り分も減ってしまいます。各店舗の人気上位のメニューと下位のメニューを分析するなど、楽天市場のスタッフの手も借りてそれぞれの店舗のマーケティングを支援しました。

おそらく、ほかの球団経営をそのまま踏襲していたら、球場を保有するまでには至らなかったんじゃないかな。決算書だけを見ていても分からない徹底的な調査が、正しい打ち出し角度を決めるのに役立ちました。

やるべき優先順位を意識する

――ここまでの話を整理すると、小澤さんはまず、球団立ち上げの最低限のゴールを次のように設定し、これらを満たすことが「51点」なのだと宣言しました。

> 1 シーズン開幕日に、対戦相手と試合ができるチームがあること
> 2 プロ野球の試合が成立するスタジアムが完成していること
> 3 チケットを売り、購入したお客さんが球場で試合を観戦できること

その上で、グッズやイベントの売り上げを積み上げて60点、70点と高みを目指しました。さらに、打ち出し角度を「チームの強さに頼らない経営」に設定し、球場全体をエンターテインメント施設にするというコンセプトを掲げました。そして、それを実現する最重要事項を、「球団と球場を一体経営するビジネスモデル」としたわけですね。

小澤　最低限のゴールを定めるという話に戻ると、優先順位付けは本当に大事です。というのも、事業が複雑化するとつい忘れがちになるんです。油断をすると、「あれをやろう」「これをやろう」とすぐに議論が拡散してしまいます。特にリーダーの立場にある人は、常に優先順位を意識しておいた方がいいでしょう。

例えば、こんなことがありました。ホーム

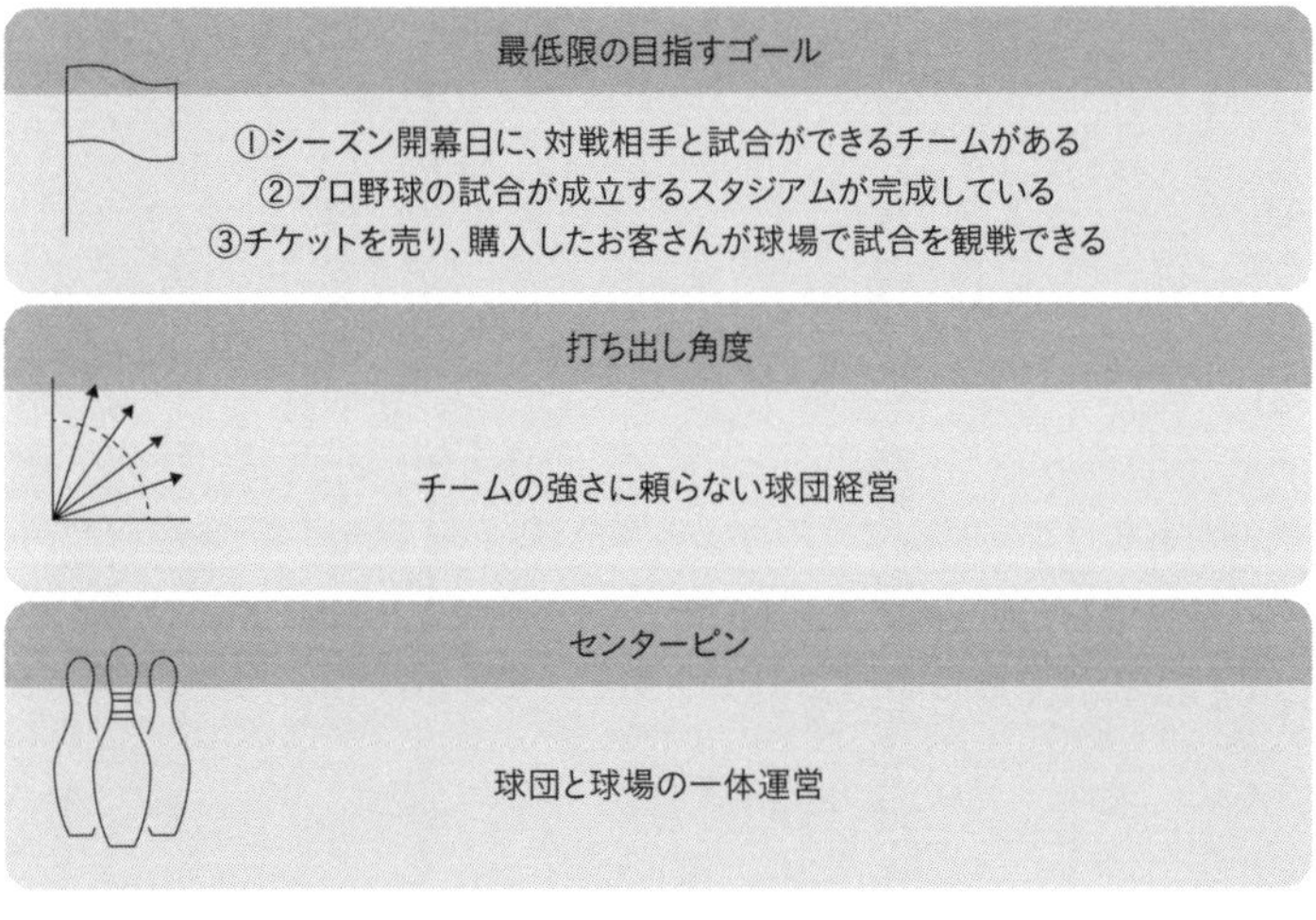

楽天イーグルス創業時のゴールと打ち出し角度、センターピン

ゲームで開幕試合のセレモニーについて会議をしているときでした。開幕試合はペナントレースの一発目。みんなが注目する大一番ですから、セレモニーの失敗は絶対に許されません。

ところが、会議で盛り上がるのは、誰に始球式をお願いするかなんですよ。「あの人でもない、この人でもない」と平気で会議をやって、2時間も費やしてしまいました。

でも、冷静に考えたら始球式がなくても試合は成立しますよね。むしろ大事なのは、セレモニーをどう進行し、誰をどこに配置するかです。きっちり開始時間にプレーボールできるオペレーションの確認の方がはるかに大切なんです。


――目立つことに気を取られて、大事な議論がないがしろになるリスクがあるわけですね。


小澤　まあ、始球式は極端な例ですが、**やることが山のようにあると、人はつい優先順位を忘れてしまう**、ということです。

打ち出し角度を共有している限り、みんながやろうとしていることに間違いはないんです。いつも問題になるのは「何からやるべきか」という優先順位なんですね。山ほどある作業の中から、どれを優先すべきか。

そこで、あるときから僕は一番大事な要素をボウリングのセンターピンになぞらえるようにしました。ボウリングのゲームは10ピンあるけど、端のピンだけを倒してもインパクトは小さいじゃないですか。

だけど、**中心のセンターピンを倒せば、ほかのピンも一気に倒れます。**だから打ち出し角度の中で、やるべきことが多数あった場合は、そこからできるだけインパクトの大きい要素をまず攻略するように優先順位を付けるべきなんです。

――事業の順位付けを強く意識するべきだということですね。この「センターピン」という表現もその後、頻繁に使うようになっていきます。

小澤　みんながある程度打ち出し角度を理解すると、やりたいことの多くは正しいんですよ。先ほどの始球式を誰にするかという議論だって、エンターテインメント施設というコンセプトから決して外れた話ではありません。でも、開幕日までに試合ができる状態にしておくというゴールに照らし合わせると、優先順位は高くない。だから、**センターピンを狙うということは、同時に新しいアイデアもかなり捨てなくてはならない**ということでもあります。10のアイデアを思いついても、現実的に実現できるのはせいぜい1つか2つだったりします。余談ですが、このセンターピンという表現を最初に使ったのは僕じゃなくて、グッドウィル・グループ創業者の折口雅博さんです。

「どんなことでもできる」自信に

——初年度の楽天イーグルスの成績は38勝97敗1分け。成績は振るいませんでしたが、業績は1億5600万円と初年度から黒字になり、プロ野球関係者を驚かせました。

小澤　打ち出し角度とセンターピンの方向が正しかったことを証明できたのはよかったですね。

個人としても楽天イーグルスの経験は本当に大きくて、その後の事業家としての人生に決定的な影響を与えたと思います。

一つは、自分は起業家じゃなくて事業家であると気づいたことです。人から依頼された仕事でも一生懸命やれば、それなりにおもしろい。修羅場にも強くなったと思います。「こういうのをやってくれ」と言われても、やってできないことはないと自信を持てるようになりました。

もう一つは、事業とは必ずしも自分のやりたいことでなくてもいい、と知ったことです。それまでは、やっぱり自分がやりたいことを実現するのが大事なんだと思っていました。でも楽天イーグルスを通して、門外漢ならではの視点が生きるおもしろさを知ったんですね。

そして最後は、事業は後から参入しても勝てる、という自信がついたことです。それまで、僕の中には何となく、ほかの人がやったことのないビジネスに挑戦することが大切だという考え方がありました。でも、当時既に70年の歴史があったプロ野球に後から参入して、やり方を工夫して、プロ野球界全体を盛り上げることができた。これによって僕の中で捉え方が変わりました。**それまでは常に、「何か新しいことをやってやろう」と思っていたけど、既に存在するものを変えていく仕事だってとても楽しい。**どこかでオリジナルにこだわっていた自分を客観的に見られるようになりました。

考えてみれば、ビジネスの世界だって本当にゼロから何かを生み出すことは少ないですよね。成功している企業の大半は既存の事業を改善したり、一部を徹底的に改善しながら成長しています。何か新しいことをやらないといけないという発想にとらわれすぎていた自分を、楽天イーグルスの創業経験は解放してくれた実感があります。

何より先行事業者がいても、怖くなくなりました。後発であっても、正しい打ち出し角度とセンターピン、そして戦術があれば勝てる。どうにかなるという自信がつきました。

当たり前のことを徹底的にやる

――「天才でなくても方法論を身につければ事業を成功させられる」という持論は、楽天イーグルスの経験によって確かなものになったわけですね。

小澤　一番の学びは、**「人間の能力には大した差がない」と気づいた**ことです。僕も含めて、みんな最初は何者でもない人たちだったと思うんだけど、ギリギリの状況で頑張って、能力を開花させていきました。それを間近で見られたのは大きかったですよ。どんなに苦しくても、最後は何とかなるだろうという妙な自信がつきました。

だから、**凡人でも真面目で素直で頑張る元気があれば、大きな仕事を成功させられる**と心から信じられるようになりました。それが上司から命じられた仕事であっても、しっかり情報を集めて、分析して、正しい打ち出し角度で事業を走らせれば何とかなります。

当たり前のことを当たり前に徹底的にやるって、意外と難しいんです。だからこそ、それをしっかりやれる人はいくらでも事業を大きくできるということも、楽天イーグルスの創業を通して実感しました。

あと、プロ野球ビジネスの経験を通してプロフェッショナルや専門家と呼ばれる人たちの助言を過度に信用することがなくなりました。

球団関係者といわれる人たちは当時、僕らの計画に対して「あなたたちのアイデアで成功するのは難しい」と笑っていました。ところが僕らが成功した途端、手のひらを返したように態度が変わったんですね（笑）。その豹変ぶりにはあきれましたが、僕にとっては、過去の業界経験にあぐらをかかず、常識はアップデートし続けるべきだという教訓になっています。やっぱり、人は学び続けないとダメになりますね。

第3講のおさらい

○目指すゴールに到達するために、どの方向に走り出すべきかを最初にしっかりと確認する。すなわち、事業の「打ち出し角度」が大事。

○どんなに足の速い（能力の高い）人でも、間違った方向に走り出したらゴールに到達できない。逆に、どんなに足が遅い人でも、方向さえ正しければいつかはゴールにたどり着く。

○打ち出し角度を決めたら、次は何を真っ先に優先すべきかを意識する。絶対に外してはいけない最優先事項の「センターピン」を見定める。

COLUMN

「孫さんに磨かれた戦友」

LINEヤフー会長
川邊健太郎
Kentaro Kawabe

小澤さんの強さは、やっぱり事業をつくっていく力ですよ。

事業とは、大きく分解すると3つあります。1つ目は、そもそも事業を立ち上げられるかどうか。2つ目は、事業を立ち上げた上で継続的に成長させられるか。3つ目が、事業を収益化できるかどうかです。

中でも難関は3つ目。優秀な起業家や事業家なら、おそらく2つ目の立ち上げた事業を大きくするところまではできると思うんです。でも、そこからお金を稼ぐところまで持っていくのは本当に難しい。

収益化までできる数少ない事業家

具体的に言えば、電子決済のPayPay

なんかはまさにそうですよ。まず、複雑に入り組んだグループ内外の組織を連携して、総合的にみんなが儲ける絵を描く。次に、黒字化までのステップを明確にしながらサービスをつくりあげ、最後はユーザーを伸ばしながら着実に事業を回していく。これを通しでできる人はなかなかいません。

特にLINEヤフーは無数のネットサービスが存在し、ステークホルダーも多岐にわたるので、総合的な視点が欠かせません。事業単体だけじゃなく、グループ全体として収益化を考える目線が求められます。さらに、成長を加速させるM&A（合併・買収）も考えていくとなると、相当高いレベルの意思決定力が求められます。小澤さんは、それをクリアできる数少ない人物でしたね。

小澤さんとは長い付き合いですが、昔から事業家としての資質があったと思います。でもヤフーでの経験によって、それがさらに洗練されていったんじゃないかな。

彼の考え方は割とシンプルで、人の欲求にどれぐらい寄り添えるかを徹底的に追求します。そこは昔から全然変わりません。

ただし、使っているテクニックは断然、進化しています。それは、単に教科書を読んだり、ネットで何かを勉強したというのではなく、次々と事業をつくっていく中で身につけていったものです。

ネットビジネスそのものがすごい勢いで発展していますからね。僕らが起業家になりたてだった1999年ごろに比べたら、想像のつかない世界になっているわけです。こうした変化に適応して、ちゃんと文脈を理解して、ビジネスを変え続けていることが、小澤さんに限らず、今もネット業界で生き残っている事業家や起業家の特徴だと思います。

一度成功したら成長を続ける努力を怠っている事業家と、その後もずっと進化し続けている事業家の決定的な違いはあると思いますね。

知られざる「ナマズ効果」

進化という話で付け加えるなら、僕たちの場合はやはり孫（正義・ソフトバンクグループ会長兼社長）さんの存在が大きかったと思います。常に最先端の技術を次々と持ってきて、僕たちも一緒に第一線で戦ってきました。もはや、ちょっとやそっとのことでは驚かない自信はあります（笑）。こんな経験ができた人はあまりいないと思いますね。

以前、日本電産（現ニデック）の永守重信さんから聞いた話で、社内で今も語り継がれている逸話に、「ナマズ効果」というものがあります。かつて、フランスのベルサイユ宮殿に日本が寄付したコイがいたそうなんですけど、みんなが餌を与えすぎたために、ぶくぶくに太ってしまったらしいんです。

何とか痩せさせようと努力したんだけど、どうしようもなくなって、最後は捕食魚であるナマズを入れてみた。そうしたら、コイが超緊張して、池をぐるぐる泳ぐようになって、あっという間に痩せたらしいんですよ。

　このエピソードの真偽は不明ですが、要するに、組織を活性化するには、あえて組織をかき乱す存在を入れることが必要だ、という教訓です。ここから組織をかき回すような人をナマズと呼ぶようになりました。「あの組織、停滞しているからちょっとナマズを入れた方がいいな」みたいな使い方をするんですけど、僕らにとって最大のナマズが孫さんだったというわけです。

　もちろん、ナマズがいなくても、僕らなりにつくりたい世界を目指して走ってはいたと思います。でも殊にビジネススキルという面では、孫さん自身が一番自分を追い込んで、どんどん挑戦して、傷つきながら色々な技を会得しています。そういう存在が近くにいると、やっぱり刺激になるし、一緒にスキルが身につきますよ。

川邊健太郎《かわべけんたろう》氏

LINEヤフー会長。青山学院大学時代にスタートアップを創業し、小澤氏とは当時からの起業家仲間。2000年ヤフー入社、2018年にヤフー社長に就任。2023年にLINEとヤフーの経営統合に伴い、LINEヤフー会長に就いた。

LINEヤフー

2023年10月にヤフーとLINEが統合されて誕生した、日本有数のネット企業。インターネット広告、eコマース（電子商取引）、メッセージングサービス、ポータルサイトなど幅広い領域で事業を展開する。グループ延べ利用者数は世界で3億2000万人超（2024年3月末）に達し、社員数はグループ全体で約2万8000人に上る。

第4講

成功のセンターピン

「根源的欲求」を見極める

弁当宅配、診療所、ハウツーサイトの共通項

Q 事業で成功する秘訣は何ですか。

A 根源的欲求と、市場規模を見極めること。

解説

その事業がお客さんの
根源的なニーズを満たしているか。
そして、
正しい市場を選んでいるか。
勝機は、この2つを
見極めることにある。

楽天イーグルスを成功に導いた後、楽天を退職した小澤さんは、エンジェル投資家としての活動を始める。そして、実践の中で事業立ち上げのフレームワークを一層、磨き上げていった。様々なスタートアップの支援を通じて実感したのは、人々の根源的なニーズをつかむことの大切さである。

「時間を効率的に使いたい」「人に褒められたい」「どうせ買うなら安い方がいい」……。事業の成否を決めるのは、ユーザーの素朴な欲求を起点に、的確に事業を構築していくことにある。この時期、小澤さんはスタートアップだけでなく、様々な事業の立ち上げや再生案件に携わり、幅広い分野で人の根源的な欲求を見極める力を養った。そのノウハウは、後に入社するヤフーでの投資事業やeコマース（電子商取引）事業に生かされていく。

事業立ち上げのインキュベーション能力を大きく成長させたこの時期、小澤さんは具体的に何を学び、どのような考え方でフレームワークを磨いていったのかを見ていこう。

――楽天退職後、小澤さんはスタートアップへの投資や様々なプロジェクトへの参加を通じて、打ち出し角度やセンターピンといったフレームワークをさらに磨いていきます。この時期、どんなことを考えていたのですか。

小澤　本質を見分ける力が大切だということを強く実感した時期でしたね。突然ですが、「事業の本質」って何だと思いますか。

――事業の本質ですか。

小澤　ちょっと漠然とした問いかもしれませんね。分かりにくかったら、「あらゆる商売が成立する条件」と言い換えてもいいです。

――あらゆる商売が成立する条件……。

小澤　そんなに難しく考えなくていいですよ。僕はシンプルに、**事業の本質は、その事業がお客さんの根源的なニーズを満たしているかどうか**に尽きると思っています。分かりやすく言えば、多くの人が持っている根源的な欲求に応えているか、ということです。

――根源的な欲求、ですか。

小澤　例えば、人間の三大欲求（食欲、睡眠、性欲）はそれに当てはまります。あるいは「認められたい」「褒められたい」といった承認欲求や、「得をしたい」といった利便性への欲求も、僕の中では根源的ニーズの中に含まれます。

「時間を効率的に使いたい」「どうせ買うなら安い方がいい」「商品は早く届く方がいい」「似た

店ならおいしい方を選びたい」……など、少し考えただけでも色々出てきますよね。

――どれもストレートな欲求ですね。

小澤　そうなんです。ところが、事業立ち上げの当事者が、お客さんのどのニーズを満たそうとしているのか理解していないケースが意外とあるんですよ。

――なぜ、そんなことが起こるんでしょう。

小澤　色々理由はあると思うけど、つまるところは事業をやっている本人がそこまで考えていないということじゃないですか。本来なら、**事業の立ち上げはまずどんな根源的ニーズを満たすのかを決めることから始めるべき**です。究極的には、そのプロダクトが根源的欲求を正しく捉えて、日本で最もその欲求に応えられるものになっていれば成功できるわけですからね。

ところが、それを考えずに「儲かりそうだから」とか「ビジネスモデルが成立しそうだから」といった本質とやや外れたところから入ってしまうケースが結構ある。これはちょっとまずいよね。

――事業をつくること自体が目的になった結果、エンドユーザーの根源的欲求がおざなりになってしまうわけですね。

小澤　そうです。だから、**事業の成功にはいつも理由があるん**です。「どうして当たったのか」

「なぜこれが売れているのか」という問いに対して、「時間を効率的に使いたいニーズを満たしたから」などと納得感を持って説明できるようにしておくべきです。そうすれば事業が当たったとき、成功を再現できるじゃないですか。

事業の立ち上げに大切な「見極め力」

小澤　根源的ニーズを探り当てるということは、成功に再現性があるということでもあります。やり方を変えても最終的にそのニーズを満たし続けていれば、お客さんから支持されるということですから。

反対に「どうして当たったんだろう」とよく分からない状態にしておきたくはないですよね。**常に、もう一度やっても大丈夫という状態にすることが理想**です。だから、再現性はとても大事です。そして、僕はこのニーズを探り当てる力を「見極め力」と呼んでいます。

――経営者は自分の事業が、どんな根源的なニーズを満たしているのかを見極めている必要があるわけですね。

小澤　最近、ベンチャーキャピタリストとして再び活動するようになって、この見極め力の重要性を改めて認識しています。起業家との面談でも、相手が事業を通じて人々のどんなニーズを満たそうとしているのかをじっくり聞くようになりました。

今では、究極的に投資の成功を左右するのは、そのサービスや製品が、人間のどの根源的欲求を満たしているのかを端的に表現できるかで決まるとさえ思っています。

ただし、事業をつくる上では、根源的ニーズを見極めるだけでは十分ではないんです。もう一つ、見極め力を発揮すべき大切なポイントがあります。それが、**自分たちがどの土俵で戦うのか、すなわちどの市場を狙うか**という点です。

人々のニーズを満たしていても、事業を展開するマーケットが大きくなければ、投資家としてはリターンが限定されてしまいます。あるいは現状は儲かるとしても、先の市場拡大が見込めないのであれば、大きく投資するのは難しいでしょう。

その市場は大きいか？

――自分たちが戦う土俵を正しく選べているかを確認する、ということですね。

小澤　どうやって市場を決めるのかはなかなか一言で説明できないんですけれど、色々な事業を経験した中で、僕はいつも3つの要素を考慮するようにしています。

1 市場が拡大しているか↓伸びているほどチャンスがある。ただし市場規模が小さくても寡占できれば勝てる可能性はある

2 市場シェアはどうか↓儲かっている会社がどれくらいあるのか。寡占市場ほど難度は高い

3 デジタル化は進んでいるか↓デジタル化が遅れているほど、勝てる余地がある

考え方はシンプルで、まずは小さいより大きい市場がいいという話です。分かりやすく言えば、その市場で食べられている人（商売が成立する事業者）がどのくらいいるんだ、ということですね。

例えば１００億円の市場があったとして、80億円がたった１社に寡占されているとしたら、参入する難度は高いでしょう。でも市場が１兆

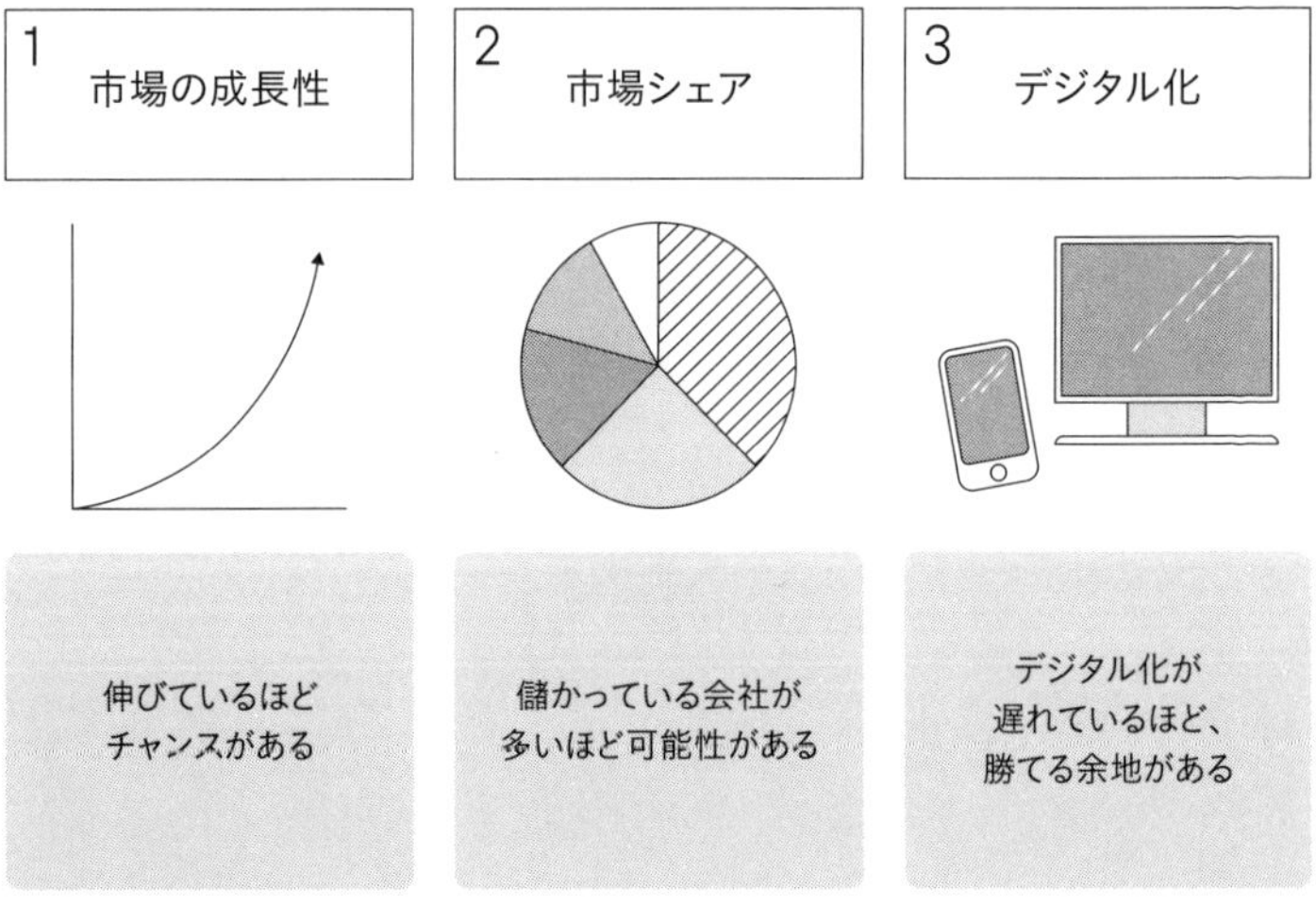
1 市場の成長性
2 市場シェア
3 デジタル化
伸びているほど
チャンスがある
儲かっている会社が
多いほど可能性がある
デジタル化が
遅れているほど、
勝てる余地がある

市場を見極めるポイント

円で、１００億円規模の会社が１００社割拠しているなら、参入して勝てる可能性はある、という考え方ができます。

反対に、市場規模が小さいところに参入すると、事業の出来上がりが小さくなるので、大勝ちするには市場を独占しないといけない。それは戦術としてはかなり難しい戦いになるので覚悟が必要です。だから選択肢としてアリなのかナシなのか、ある程度勝率を見定めないといけません。

ただしこれもケースバイケースで、勝てる可能性があるなら、市場規模が小さくても参入すべきだと思います。

――なるほど。

小澤　２つ目は市場シェアです。例えばｅコマースで言うと、売買のプラットフォームを提供するマーケットプレイス事業者として割り込んでいく難度は超高いわけです。なぜなら日本には、楽天、アマゾン・ドット・コム、ＬＩＮＥヤフーとメルカリが既に割拠しているからです。

だけど、そのプラットフォームの上で事業を展開するｅコマースの店舗となると、成功する可能性は上がります。根源的なニーズを探り当てる余地はあるし、他社と差異化できる余地も大いにある。

同業者は大量にいるし、その多くが今も成長を続けています。市場は伸びているわけです。マーケットプレイスに比べれば儲けは限られるけど、その分、成功の確率はぐっと上がります。

――どの土俵を選ぶかで、実はおおよその成功確率も推測できるわけですね。

小澤　もちろん確率論なので、絶対にそうだとは言い切れません。でも僕が市場を見るときは、**まず規模が大きいかどうかを見て、その上で難度を見て、どれくらいの会社が利益を出しているのかは、最低限チェックします。**トップ企業がどれくらいのシェアを取っているかで大体のレベル感は見えてきますからね。トップ企業の占有率がすごく高いと難しいわけです。

加えるなら、その市場がどれだけデジタル化が進んでいるかも調べます。僕の強みはネットを理解していることなので、デジタル化があまり進んでいない業界や商慣習は、市場規模とは関係なく参入のチャンスがあると考えています。

起業家が市場選びを間違える理由

――市場選びを間違えているケースはあるのですか？

小澤　起業家と話していると、結構あるんですよ。例えるなら、絵がめちゃくちゃ上手なのに水泳をやりたいとか、運動神経がものすごくいいのにチェスで勝負したいです、みたいなことを言ってくるケースです。もちろん、何をするのかは本人の自由ですが、才能のある人に出会うと「そこじゃないのになあ」とガッカリします（笑）。せっかくポテンシャルがあるのに、もったいないですよね。

――このズレが発生してしまうのはなぜなのでしょう。

小澤　これはとても本質を突いていて、やっぱり自分を客観視するのは難しいということなんですよ。**ほとんどの人は今まで自分がやってきたことの延長でビジネスを考えます。**例えばメディアで働いていた人が起業しようと考えると、十中八九、メディア関連のビジネスを提案するでしょう。その経験しかないから。

メディア業界がこれからも伸びていくのであればまったく問題はありません。でもそうじゃないなら、僕らはとても残念な気持ちになってしまうわけです。

――確かに、経験のない業界で事業を立ち上げるケースは少なそうです。

小澤　そうなんですよ。でも、たとえ自分の経験がなかったとしても、客観的に見て伸びそうな市場はほかにもたくさんあります。

本来、起業はどの産業で始めてもいいんです。仮に最初は業界の門外漢であっても、事業立ち上げの方法さえ知っていれば、成功できる可能性はある。それなのに、多くの人は自分が経験したことのある範囲で、とても小さい選択肢の中からそれを選ぼうとするんですね。感覚として、事業を提案してくる9割くらいの人がそうだと思います。

何度も繰り返しているように、ビジネスって360度、どの方向にも走り出せる。だけど現実は、自分の経験のあるたった5度くらいの幅の中で、事業を選んでいるという感じです。自分のやりたいことをやるのが成功だと捉えるなら、それでもまったく問題はありません。でも、例えば上場して売上高1000億円規模の会社をつくりたいと思うなら、選択肢をもっと広く取るべきですよ。その方が勝てる確率はぐっと上がるわけですから。

――経験したことのない分野にも意識的に視野を広げるべきだということですね。

小澤　もちろん、その業界を知っているに越したことはないんです。でも、例えば僕らが未経験のプロ野球で楽天イーグルスを創業できたように、成功するために業界経験は必須ではないんです。むしろ**自分が経験したことのない業界の方が、新しい視点で事業を見られる可能性もあります。**

いずれにしても、業界経験がなくても、伸び代のありそうな市場に目を向けて、簡単なリサーチはすべきだと思います。僕はそれが正しい市場を選ぶことだと思うし、それだけで成功の確率はぐっと上がります。

それを検討した上で自分たちの強みを冷静に分析し、入り込める余地があるかを判断します。僕自身はネットの力で事業を変えられる分野がまだまだあると思っています。市場規模が大きくて、デジタル化が遅れている分野はチャンスですよ。

――実際に小澤さんが手掛けた事業を例に、根源的ニーズの見極めや打ち出し角度の定め方について解説してください。

小澤　これから紹介する「弁当宅配」「診療所」「ハウツーサイト」のケースは一見、何の脈略もない事業です。ただ僕の中で事業づくりのアプローチは一貫しています。いずれも市場を見極めて、お客さんの求めている根源的なニーズを探し当てて、打ち出し角度を正しく設定したことで事業を軌道に乗せることができました。

では、順番に見ていきましょう。

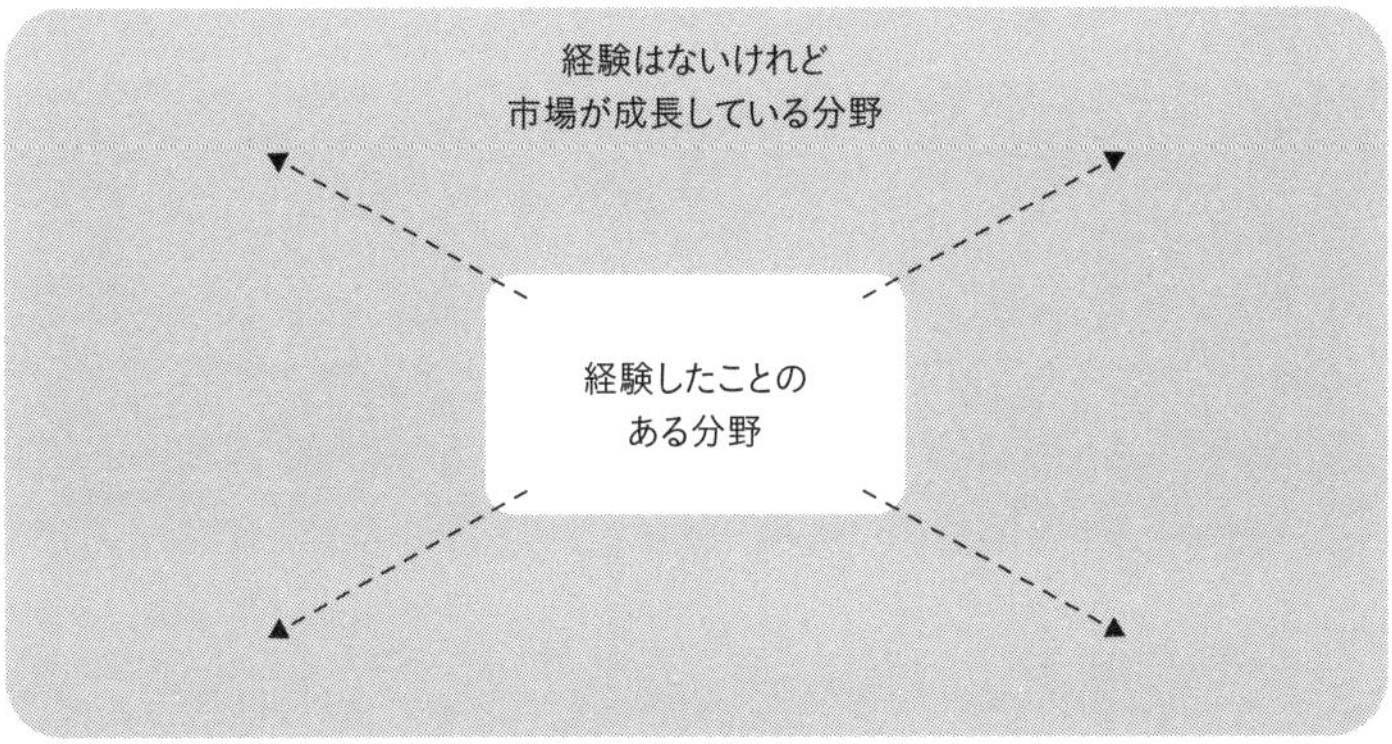

未経験の分野に視野を広げれば、成功の可能性は高くなる

経験したことのない分野に挑戦する

ケース① スターフェスティバル（フードデリバリー）

まずはフードデリバリーサービスを手掛ける「スターフェスティバル」のケースから見ていこう。同社は楽天イーグルス時代、小澤さんの部下だった岸田祐介さんが２００９年に創業したスタートアップだ。弁当宅配サービス「ごちクル」などフードデリバリーサービスを主力事業とする。

コロナ禍を経て、現在は日本でもフードデリバリーが一般的になったが、スターフェスティバルを開始したのは、それらが普及するはるか前の２００９年。そのきっかけは、弁当店の事業を要素分解したことにあった。

小澤　僕が楽天を退職して、エンジェル投資家として活動していたある日、岸田さんが訪ねてきました。かねがね起業したいと相談を受けていて、色々な事業プランの壁打ち相手になっていて、試行錯誤の末に弁当店を検討することになりました。

さて、みなさんがもし弁当店を始めようとなったら、まず何をしますか？

――根源的なニーズを探り、市場の大きさを調べることからですね。

小澤 そうですね。当時、僕は自宅をオフィスと兼ねていて、たまたま近所に繁盛している弁当店がありました。そこで時々弁当を買っていましたが、ビジネスモデルをしっかり調べたことはありませんでした。そこでまず弁当店の商売の仕組みからリサーチを始めました。

観察していると、一日150個くらい売れていくんですね。仮に弁当が1個1000円だとすると、一日の売り上げは15万円になります。原価率が3割とすると、粗利は10万円ちょっと。「結構儲かるな」という印象でした。さらにネットやリアル店舗を回って、人気のある弁当店を洗い出し、その事業を徹底的に調べました。

その結果分かったのは、弁当店の事業は極めてシンプルだという事実でした。**商売の要素はざっくり言うと「作る」と「売る」の2つしかありません。**そして競争力のある弁当店というのは、作る方が優れています。すなわち弁当がおいしいということです。

「作るプロ」ではなく「売るプロ」になる

――確かに、とてもシンプルですね。

小澤 ただし、僕らには弁当作りのノウハウはありません。ですから、ライバルよりも圧倒的においしい弁当をすぐに作ることはできないと分かったんですね。

一方で、ネットを活用すれば、売る方で優位性を発揮できるのではないかという見立てがありました。当時はまだ、インターネットで売る方法に長けた弁当店はありませんでした。売るとはすなわち届け方に優れているということです。つまりネットで弁当を販売すればいいんです。

当時からケータリングサービスは存在していましたが、弁当一つから個人の家に届けるフードデリバリー市場も、徐々に立ち上がり始めた時期でした。

――事業を始める中で、どのようにして売るプロとして一番になろうとしたのですか。

小澤　ここでもまず、「分からないときは調べる」を徹底しました。

知人に頼んで、とあるネットサービスで売れている弁当店のトップ30を教えてもらいました。そして、それを上位から観察していったんです。岸田さんと2人で順番に見ていくと、3つ目くらいで「これ、写真じゃないか？」と気づきました。要するに人気上位はすべてきれいな写真の弁当だったんです。**「おいしいか」よりも、「おいしそうか」の方が大事だった**わけですよ。

ただ、この時点ではまだ仮説の域を出ません。そこで、さらにもう一段掘り下げて調べてみることにしたんですね。

写真がきれいな弁当が上位に来るのは分かった。では、なんで写真がきれいだと売れるのか。調べると、結局ネットでは「おいしそうに見えるか」がすべてだということが分かりました。

お客さんは実際に弁当を食べるまでは、おいしいかどうかは判断できません。でもネットで注文する以上は、食べたことのない弁当から選ばざるを得ないわけですよ。

この仮説をさらに検証するために、再び弁当サイトをリサーチしていきました。「おいしそうに見える」というのがどんな要素で成立しているのか。店の名前、無添加、健康志向……。調べていくと、弁当の折りの上品さなども影響を与えることが分かりました。

集めた情報を整理して、最終的に、おいしそうに見える要素は「写真」「店の名前」「サイトのつくり方」がカギになると結論づけました。

そして仮説検証の仕上げとして、実際に弁当を作って売ってみることにしました。写真を丁寧に撮り、桐箱をイメージした高級な弁当箱に詰めました。ブランドは「南青山惣助」という、いかにも料亭のような名前にしました。

――おもしろいですね。結果はどうでしたか。

打ち出し角度

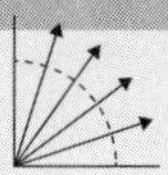

弁当には、「作る」「売る」という２つの要素があるが、
作ることではなく、**売ることに集中する**

センターピン

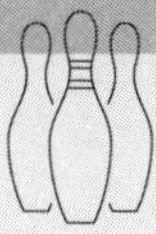

ネットでは必ずしも、おいしい弁当が
売れるわけではない。
「おいしそうに見えるか」という**見た目にこだわる**

弁当宅配サービスの打ち出し角度とセンターピン

小澤　あっという間に売り切れました。もう、腰を抜かすくらい早かった(笑)。

――仮説が大当たりしたんですね。

小澤　考えてみれば、当たり前なんですよ。ネットで弁当を注文するときは、実際には食べられないから。聞けば「それはそうだ」と誰もが納得するわけですね。

だけど、このときに学んだのは、その当たり前を徹底的に追求できるかどうかなんです。おいしそうな弁当が売れると分かったら、その要素を分解して、本当においしそうな弁当を作り、売るところまでやれるかどうか。**最後までやり切れるかどうかが、事業の成功を決める**ということです。

――聞けば当たり前すぎるけれど、それまでは誰も徹底してやっていなかったわけですね。

小澤　これは後から知り合いの弁当店に聞いた話ですが、弁当をおいしく作る弁当店は、作る方にこだわるので、写真やサイトにまで気が回らないそうなんです。写真もプロが撮ったものじゃなく、自分でデジカメで撮ったりするので、おいしい弁当なのにどうしても見た目で劣ってしまう。サイトの更新もほとんどしていないし、ユーザーインターフェースも悪かったりするわけです。

もちろん、おいしそうに見せただけで、食べたらまずいというのはダメです。ただ最初に注文してくれない限り、おいしいかどうかなんて分かりはしない。だから、まずは売り方で圧倒的に優位に立つサービスにしました。

――立てた仮説が、見事に当たったわけですね。

小澤　このときはやっぱりうれしかったですよ。その後、「ＡＢテスト」のような形で、同じ弁当でも違う写真を試したりして、お客さんがどの観点で弁当を選んでいるのか検証を続けました。そして、満を持して弁当宅配サービスを始めたんです。

フードデリバリーは、今でこそコロナ禍で広がって一般的になりましたが、当時はまだまだ「これから」という局面でした。それでも人の根源的なニーズを満たし、打ち出し角度が正しければ大きな商売につながるんです。シンプルにニーズを探せるかが商売のカギだと思います。

岸田さんが社長を務めるスターフェスティバルの弁当宅配サービス「ごちクル」は健在で、コロナ禍にも負けず、今も成長を続けています。

ケース② 日本初「コンビニクリニック」

2008年6月、JR立川駅のエキナカに開業した診療所「ナビタスクリニック立川」。生活動線である駅内に立地し、会社や学校帰りの時間帯にも診療が受けられる。診療時間を予約でき、女性や子ども向けの対応も手厚い。いわゆるコンビニクリニックである。いずれのサービスも今となっては当たり前だが、当時としては画期的なコンセプトだった。

このコンビニクリニックの先駆けとなったのが、2006年11月から約1年間、JR新宿駅近くのビルに開業した「コラボクリニック」である。東京大学医科学研のスタッフや学生が主体となって、都市部の若い勤労世代が気軽に受診できるクリニックを開発するために立ち上げた。この活動を後方支援したのが小澤さんだった。当時、ヤフーのプロデューサーだった川邊健太郎さん（現LINEヤフー会長）やカカクコム取締役相談役だった穐田誉輝さん（現くふうカンパニー代表執行役）らと共に事業立ち上げを支援した。

――次のケースは診療所です。これは、都市部での「正しい医療サービスとは何か」を考察することから始まったプロジェクトだそうですね。

小澤　このプロジェクトは、僕が起こしたわけではなく、事業の立ち上げをお手伝いしたケースです。２００６年11月から約１年間、ＪＲ新宿駅近くのビルに開業した「コラボクリニック」の立ち上げの支援をしました。

――都市部の勤労世代のニーズに即したクリニックのあり方を探るのがきっかけだったそうですね。そこから20代、30代の若い世代が受診しやすいクリニックの開発につながっていった、と。

小澤　僕がお手伝いしたのは、今の時代に即した正しい医療サービスをつくり上げたいという考えに共感したからです。診療所というと、みなさんはどんなイメージを持っていますか。部屋は白い壁紙が基調で、少し入るとカウンターで仕切られた受付があって、診療時間は朝9時から夕方5時まで。水曜と土曜の午後は休診――。大体、こんな感じではないでしょうか。

試しに調べてみると、当時は本当にどのクリニックもそんな感じだったんです。多くのクリニックの診療は日中だけで、夜間はやっていないし、土日も休み、というところが大半でした。どの診療所も似通っていて、設備やサービスのスペックにあまり大きな違いはありませんでした。

――平日に働いている人にとって、受診しやすいとは言い難いですよね。

小澤　これには理由があって、クリニックは規制事業なので、医療行為と診療報酬は法律で定められていて、変えることができないからです。サービス業でいうなら、提供するサービス内容と価格ががっちり固定されてしまっているわけです。

じゃあ、どうやって利用しやすい環境にするか。ここでもまた調査です。まずは参考になりそうな異業種をリサーチしました。このときは、ベンチマークとして飲食業界を比較対象に定めました。診療所が提供するサービスを機能ごとに要素分解して、レストランと比べてみました。すると、大きく「サービス」「価格」「それ以外」の3つに分類できることが分かりました。先ほども触れた通り、クリニックはサービスと価格が固定されていますから、それ以外の要素に利用しやすい機能を盛り込んで提供すべきだろう、という結論になりました。

では、どこで違いを出すか。飲食やホテル業界をさらに深堀りして調べてみると、価格やサービス以外に、次の要素を重視していることが分かりました。それは、「立地」「営業時間」「ホスピタリティ」の3つです。

例えば立地なら、駅に近い場所や、できるだけ人通りの多い場所に店舗を設置した方が人を集めやすいですし、営業時間もニーズに合わせた時間帯で展開するのが原則です。ホスピタリティは言わずもがなですが、おもてなしのレベルが高いほどお客さんの満足度は上がります。

実際にレストランを経営している飲食店オーナーに話を聞いても、店の繁盛を左右するのはこの3つが原則だということでした。

――一方で、これらの要素を考慮しているクリニックは少なかったわけですね。

小澤　試しに自分が住んでいるエリアで調べてみました。確かに、医療サービスをきちんと提供することはどのクリニックも考えていましたが、マーケティング的な観点も押さえているケースはほとんどありませんでした。

　クリニックは規制事業であるので、正しい医療サービスを提供することが何よりも優先されるべきです。ただ、そこに「立地」「営業時間」「ホスピタリティ」の観点を盛り込めば、もっと利便性の高い施設になるはずだという仮説が生まれました。そして、これらの要素を徹底的に満たすことが、事業のセンターピンになりました。

ほかの業界と比べて見えてきた道

——具体的にはどんな手を打ったんですか。

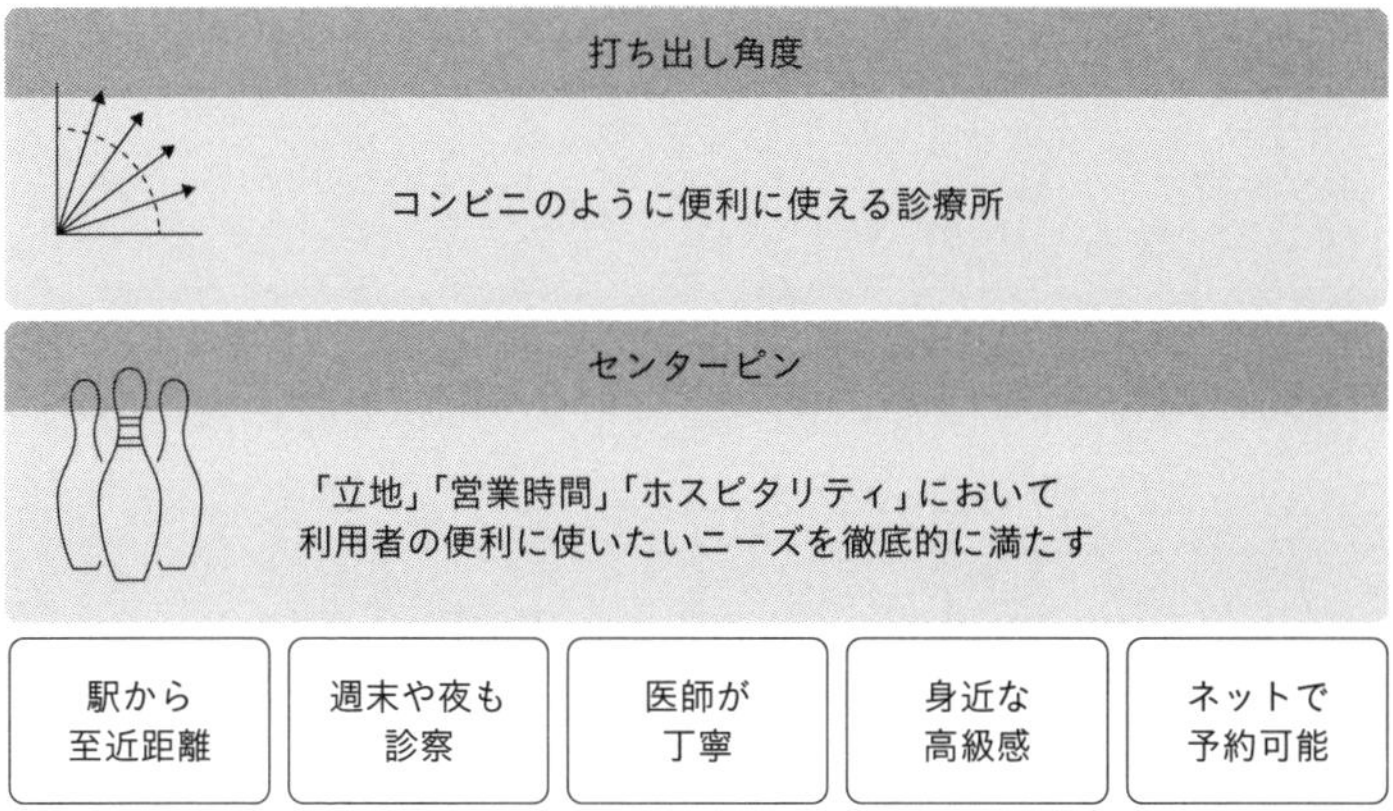

コンビニクリニックの打ち出し角度とセンターピン

小澤　まず、立地は駅至近の距離にこだわりました。駅近あるいは駅に直結した場所を選び、診療時間も延長しました。当時はほとんどのクリニックが夕方6時くらいに閉まっていたんですが、その中で夜9時まで診察を受け付けるようにしました。

ホスピタリティの面では、先生を有名大学の卒業生にしました。そうすることで、初めて訪れるクリニックに対する心理不安を少しでも軽減できると考えたからです。

細かいところでは、診療する先生に敬語を使うようお願いしました。「どうしたの、今日?」ではなく、「どうされましたか?」といった具合です。訪れた人の不安感を軽くするためです。

診療所の内装にもこだわりました。イメージは、ホテルでもマクドナルドでもない、スターバックスぐらい。パジャマでも行きづらくない内装にしつつ、若干ラグジュアリーな印象を持ってもらえる水準にしました。もちろん、予約はオンラインで取ることができます。

一方で、街頭に立って集客するなど、泥くさい仕事もやりながら始めたところ、3カ月で結果が明らかになりました。従来のクリニックにはない便利さで注目を集め、単月で黒字を達成したんです。実験的な位置付けだったコラボクリニックは2007年12月で閉院しましたが、そのノウハウは2008年6月にJR立川駅に開業したナビタスクリニック立川に引き継がれました。

――コンビニのように気軽に使える診療所、という打ち出し角度がよかったんですね。

小澤　クリニックに通う人の根源的なニーズは「便利なクリニックに通いたい」というごく当た

り前のものです。決して高度な医療を求めているわけではありませんでした。

多忙なビジネスパーソンなら、おそらくクリニックに行けるのは仕事帰りです。だったら場所は駅の中が通いやすいし、夜までやっている方が絶対に便利です。これはもう外れようがないですよね。誰が考えても行き着く結論です。

クリニックに勤務する医師は医療のプロなので、病気を治す専門家です。弁当店がおいしい弁当を作ればお客さんが付いてくると思っているのと同じように、それまではマーケティング的な視点を必要としていなかったのかもしれません。その意味では、「どうやって提供するか」を真剣に考える人は当時、圧倒的に少なかったんだと思います。

あとは、それをどうやって具体的に実現するのかという実行力ですね。実際に資金を調達して、内装業者を探して、先生をスカウトして、すべてを計画通りに実施する。アイデアはあってもなかなか形にできなかった中で、当時の仲間が発揮した執行力が成功につながったと思います。

ケース③　ハウツーサイト「nanapi」

２００９年、小澤さんは起業仲間の古川健介さんが代表取締役として立ち上げた「nanapi（ナナピ）」というサービスに出資し、株主として関与した。無数のハウツー（やり方）を集めたポータルサイトで、今さら聞けないマナーやちょっとした掃除のコツなど、様々な知恵を網羅する。小澤さんが以前から掘り下げてみたいと感じていた、人の「何かに習熟したい」というニーズを満たすことが事業開始のきっかけになった。

――次の事例は世の中のちょっとした知恵を集めたハウツーのポータルサイト「nanapi」です。

小澤　これはおもしろいケースで、僕のアイデアを仲間の起業家に託してエグゼキューションしてもらいました。

当時、個人的に掘り下げてみたいと感じていた領域が、人間の「何かに習熟したい」というニーズだったんです。例えば僕はゴルフをやるんですけれど、上達するために、昔から色々なハウツー情報を探して参考にしていました。僕と同じような人はきっと多いはずで、料理が上手になりたい人なら料理の本や雑誌を見るだろうし、釣りがうまくなりたいなら釣りの情報サイトを見たりするでしょう。**人って、自分の興味のあるものには「もっと知りたい」という根源的な欲求があって、それを満たすための行動を起こしやすい**ということを何となく感じていました。

もともとハウツーに関する情報は本や雑誌が網羅していましたけど、インターネットの時代になってウェブサイトが代替し始めました。ただし触れるメディアは変わっても、人が求めているコンテンツの内容自体はあまり変わっていません。だから、それを体系立ててまとめる仕組みをネットに作れば、絶対に受け入れられるだろうという確信めいたものがずっとあったんですね。

――確かに自分の興味のあるものをもっと知りたいというニーズはありそうですね。

小澤　当時から僕がこうやって説明すると「まあ、そうだよね」と多くの人は納得してくれたんです。でも誰も実際にサービスとして形にできる人はいませんでした。そこで知人だった古川健介さん(けんすうと呼ばれています)に声をかけて、成立させてみようと始めました。

サービスは至ってシンプルで、普段の生活で知っていると便利なハウツーのデータベースです。例えば「今さら聞けないマナー」「貯金のコツ」「掃除を続ける方法」といった記事を掲載していました。記事のトピックは一般のユーザーから集め、採用されると掲載料を支払います。その原資はサイトに集まってきたユーザーに対する広告料で賄っていました。

――このときの打ち出し角度とセンターピンは何だったんですか。

小澤　ずばり、「ハウツーのデータベースをつくる」の一点張りです。間違いなくニーズはあるから、あとはどれだけ規模を大きくできるかだと思っていました。けんすうは天才的に文章が上手だったので、僕はひたすらネタやフォーマットを研究して、効率的にハウツーを量産する方法を探していきました。

当初は、僕もハウツーをたくさん書いていましたよ。例えば当時、Ｔｗｉｔｔｅｒ（現Ｘ）で「なう」という表現が流行していたので、「なう」の使い方ハウツーみたいなことを書いていたんです。どれだけ身近な話題に気づけるかが勝負でした。

もうあとはやり切れるかどうか、気合の勝負です。お金を投下して、人を採用して、規模を拡大するの繰り返しです。けんすうをはじめ、チームの頑張りもあって、ｎａｎａｐｉはその後、ユーザー数が数万のサイトに成長しました。最終的には、２０１４年にＫＤＤＩ傘下に入り、現在はサービスを終了しています。ただ、ＹｏｕＴｕｂｅなどのプラットフォームでは「ＨｏｗＴｏ動画」というジャンルが確立されているので、ｎａｎａｐｉはその走りとしてユーザーの根源的なニーズを的確に捉えた画期的なサービスだっ

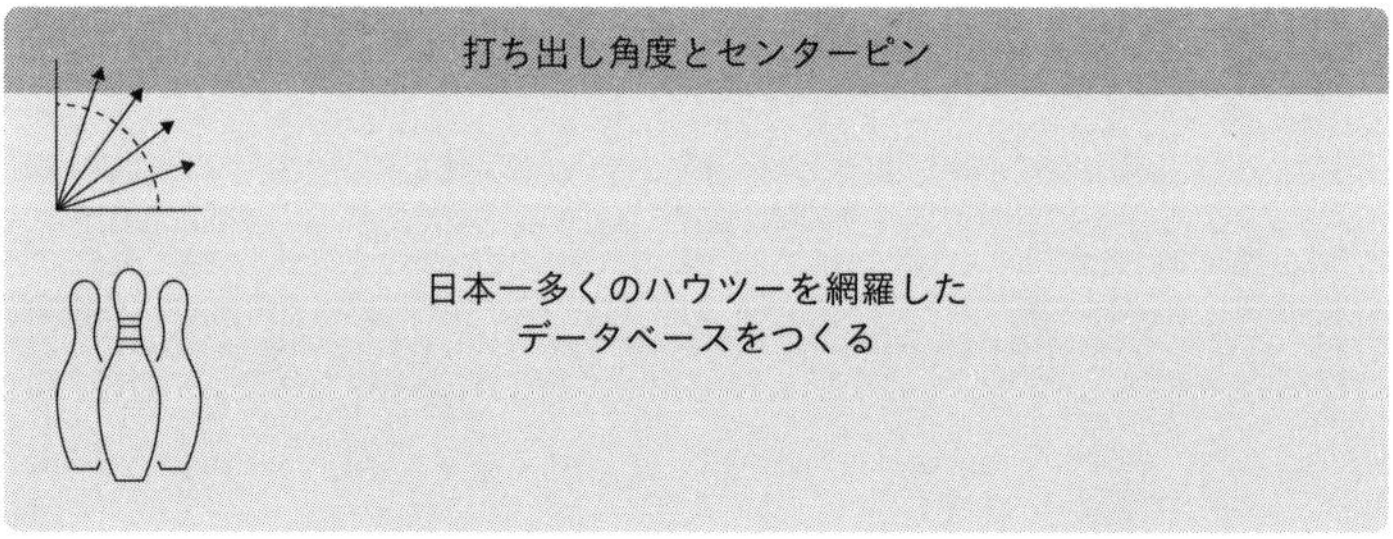

打ち出し角度とセンターピン
日本一多くのハウツーを網羅した
データベースをつくる

nanapiの打ち出し角度とセンターピン

たとの自負はあります。

人生のすべてがリサーチになる

小澤　人の根源的なニーズって時代を経ても変わらないし、そんなにバリエーションがあるわけでもありません。だからこそうまく捉えられれば、どんな時代でも通用します。僕はそれが本質をつかまえるということだと思っています。

――どうやって根源的なニーズを探すのですかという質問が出てきそうです。

小澤　確かに「極めて当たり前の欲求を見つける」のは分かっているようで分からないですよね。でも僕は結構シンプルなことだと思っていて、それに気づくには日ごろの人間観察が大切だと常々言っています。

人の行動には大抵の場合、理由があるはずなんです。大事なのは、なぜその行動をとるのかを考えることです。そのためにはじっくりと観察するんです。

例えば、普段SNSを見ていて「いいね！」を押す投稿とスルーする投稿があるわけです。それを分けているのは何か。そこには何か理由があるはずだと僕は考えます。

あるいは書店に行って無意識に手に取る本には、きっと何か選ぶ基準があるはずです。映画館でどの映画を観るかもそう。YouTubeを見ていて、自分が笑ったコンテンツにも理由があるはずなんです。なぜこの動画で笑ったのか。それを深く考えていきます。

——毎日の生活の中にヒントがあるんですね。

小澤　僕は何かをやるときには、いつも再現性を持たせたいと思っています。人を笑わせるのだって、理由が分かっていれば再現できるはずです。そのためには、まず自分が笑う理由を解明する必要があるわけです。

だから、僕はSNSをいつも真剣にやっていきます。Xもフェイスブックも、どんな投稿に「いいね」が集まるか、どうすればシェアされるか、いつも試して検証しています。

根源的欲求
すべての行動は本質的なニーズに紐づいている
どこに
出かけるか
何に笑うのか
「いいね！」を
押すか押さないか
どの本を
手に取るか
どんな動画を
視聴するか
どんな映画を
鑑賞するか
何を食べるか

根源的欲求を見つけるヒントは日ごろの人間観察に

仮説を見つけるプロセスがとても好きなんですよ。偶然から見つかることも多いです。好奇心を持って色々なことを試していると、思わぬ理由を探し当てることがあります。

ニーズを見つけたらコツコツと自分の心の引き出しにためていくこと。それがどこかでビジネスとつながるかもしれないからです。そう考えると、人生すべてがリサーチになるんですね。

普通のことを異常にやると突き抜ける

――小澤さんが、この根源的ニーズを発掘するおもしろさに気づいたのが、2012年から2017年にかけて開催していた「すごい豆まき」というイベントだそうですね。結果的に、この企画は海外のメディアが注目するほどの関心を集めました。

小澤　今言ったような問題意識を当時から持っていて、あるとき「おもしろい」とは何かと要素分解して再現できるのか実験してみようと思い立ったんです。

手始めに、世界中のおもしろい祭りを調査しました。そこから、おもしろさの本質を突き止めて、日本の祭りで再現しようと考えました。そして、そのおもしろさが世界に通用するかを試してみたかったんです。

例えば、スペインには有名なトマト祭りがあります。街中の人がひたすらトマトを投げ合うので、ネットなどで見た人がいるかもしれません。でもなぜ、世界のメディアはこの祭りに注目するのでしょうか。トマト祭りでは、本来は投げてはいけないトマト（食べ物）を投げています。それも膨大な量のトマトを数万人の参加者が投げ合います。

本来はやってはいけないし、あり得ないじゃないですか。しかも、途方もない量のトマトを使います。だけど祭りのときだけは、社会が寛容になって許してくれる。この解放感とギャップにおもしろさを感じるのではないか——。こんな仮説を立てました。

調べてみるとほかの有名な祭りの多くも、「普段はやってはいけない」「常識外れの規模や量でやる」という要素が共通していることが分かりました。

——それを日本の祭りに当てはめて再現できるか、と考えたわけですね。

小澤　日本の豆まきは1000年以上続く伝統的な儀式です。これを自分なりに要素分解して、どこに異常値をつくれば盛り上がるのか検討しました。

一般的な豆まきは少人数で少量の豆をまくだけなので、おもしろさの本質からしたら何も満たしていません。そこでトマト祭りにならって、すごい規模の豆まきにしたらどうかと思ったんです。トン単位の豆を用意して、東京タワーの下で豆まきをする祭りを企画しました。

ただし、仮説が本当に正しいかは分かりません。そこで実際に開催する前に、小さく検証してみました。食用にならないクズ豆を30キログラム買って、ＳＮＳで30人ほど仲間を集め、カラオケ店で試してみました。

するとこれがかなりおもしろかった。鬼のコスプレをするとさらに盛り上がることも分かりました。カラオケ店が豆だらけになって、後でこっぴどく怒られましたが、とにかく手応えをつかみました。その後もチューニングを続けて、実際のイベントは参加費制にしました。するとチケットがあっという間に売れたんですね。

「どうやるか」を深く考える

――「おもしろい」も要素分解して再現できることが分かったわけですね。

小澤　まあ、きっかけは実にくだらないんですよ。だけど、くだらないことでも真面目に徹底的に分析して再現性を持たせると、世界に発信できるイベントに昇華できます。結果的に、2012年の第1回では、ほとんどの在京キー局が取材に来ました。さらに翌年の第2回はインターネットで積極的に発信したことで海外ニュースメディアの取材を受け、海外から問い合わせが来るようになりました。

結局、**人は何かを異常に大きくしたり変えたりすると、驚くし、おもしろさを感じる**ということなんだと思います。これは結構本質的で、今も事業をつくる上で役に立っている考え方です。

よく、おもしろいアイデアを考えるにはセンスが必要だと言われるじゃないですか。でも僕はセンスがなくても大丈夫だと確信しています。豆まきも事業もジャンルは全然違いますが、要素を分解することで「おもしろい」をつくり出せることが分かったからです。

だからヒントは、どこにでも転がっています。どんな現象でも要素分解すれば本質を見つけ出せるということなんだと思いますよ。

実行力を鍛える「電話帳ナイト」

小澤　昔は色々な方法でエグゼキューションを鍛えるトレーニングをしていました。みなさんは「タウンページ」って知っていますか？　もしかしたら、若い人はほとんど聞いたことがないかもしれません。

日本全国の地域ごとに、店舗や企業の電話番号を網羅した便利な電話帳で、ＮＴＴタウンページが提供しています。いわば地域情報のデータベースですね。インターネットがない時代、タウンページは会社の連絡先を調べるときにとても重宝していたんです。

僕はかつて、これをブレーンストーミングに使って起業家と盛り上がっていました。ルールは簡単。参加者は一人ずつ目隠しして、ランダムにタウンページを開いて、適当に指したページの商売について、「自分ならこの会社をどうやって成長させるか」を即興でプレゼンします。正解・不正解はありません。とにかく説得力のある成長ストーリーを披露した人が勝ち。

むちゃぶりもいいところなんですけど、みなさんさすがに起業家なので、それなりに語り口も上手で、かなり盛り上がりました。大抵は夜に集まってやっていたので、やがて「電話帳ナイト」と呼ぶようになりました。

――確かに、盛り上がりそうですね。

小澤　もともと起業家のみんなの発想力を養うことを目的に始めたんですが、盛り上がって、続けているうちに**「事業アイデアをどう実行するか」という具体的なエグゼキューションを考える訓練にもなる**ことに気づきました。

ブレストってその場は盛り上がるけど、意外とアイデアを出しっぱなしで終わるケースが少なくないじゃないですか。もちろんアイデア出しは大事なんですけれど、僕にとってはそれ以上に、アイデアをどれだけ形にできるかが大切だと思っています。今振り返っても、電話帳ナイトは発想を形にする訓練に最適な企画だったんですね。

クリーニング店、そば店、理髪店……。タウンページをめくると、世の中には実に色々な商売があることが分かります。それらをランダムに選んで、繰り返し「どうしたら成長できるか」を考えていく作業は、事業の本質を捉えるいい練習になりました。

もちろん、電話帳ナイトをやるだけで世の中がひっくり返るような画期的なアイデアなんて出てきません。それでもインターネットと組み合わせれば、伝統的な商売を成長事業に生まれ変わらせる事業のネタはいくつもあります。

残念ながら、タウンページは2026年に終了が予定されています。なくなるのは本当に残念ですが、例えば『会社四季報』を活用するとか、代替手段はいくつもあります。起業家だけじゃなく、ビジネスを立ち上げようと思うすべての人におすすめしたいです。

第4講のおさらい

○正しい打ち出し角度は根源的なニーズを見極めることに等しい。それは人間の三大欲求（食欲、睡眠、性欲）であったり、承認欲求や利便性への欲求だったりする。

○市場の大きさを見極めることも大事。まずは市場の規模が大きいかどうか。その上でトップシェア企業がどのくらいの占有率かを知る。

○自分の経験だけにとらわれず、客観的に伸びそうな市場を選ぶのが事業を成功させるコツ。

COLUMN

「大切なのは時流を見定めること」

スターフェスティバル社長
岸田祐介
Yusuke Kishida

小澤さんの事業のやり方を見ていつも感じるのは、時流に乗ることの大切さです。事業を始めるタイミングを間違えない、ということですね。

打ち出し角度というフレーズも、僕は「世の中が向かっている時流を見極めること」だと解釈しています。風がどちらに向いて吹いているのか。当然、追い風に乗っていく方がビジネスとしては成功する確率が高い。やっぱり向かい風の業界でビジネスを始めるのは避けたいじゃないですか。

そうした流れを見定める能力が、小澤さんは卓抜しています。起業家はこの見極めを誤ってしまうと、どんなにいいプロダクトを持っていても苦戦します。

僕たちスターフェスティバルのビジネスに関して言えば、創業当時はUber Eatsもない時代でした。僕らがフードデリバリーを提供することで、人々に利便性とおいしい料理の発見という、2つの価値を提供できると考えたわけです。

当たり前を異常にやる

小澤さんは、当たり前のことを異常なぐらい徹底してやり切ります。

ネットサービスは多くの場合、プロダクトをリリースして終わりじゃないんです。商品なりサービスなりを出した後、お客さんの反応を見ながら、毎日のように改善を続けていく必要があります。この細かい改善作業はとにかく粘り強く、徹底的にディテールに執着しないといけないんです。

これを続けるには、かなりの根気と集中力が必要なのですが、やり切れる人は実はそれほど多くありません。大半の人は頭の中で論理だけ組み立てて世に出して、少しやってうまくいかなかったら「ダメだった」と諦めてしまいます。ものすごく頭が切れてスマートなのに、執着心がないばかりに失敗してしまうケースは少なくないんです。

小澤さんは常々、「当たり前のことを異常なぐらいやれば勝てる」と話していました。それはすなわち、正しい打ち出し角度を見極めて、センターピンを定めるということであり、絶えず「How」を改善し続けるということだと思います。決して奇策は必要ないということです。

時々、小澤さんは、尋常じゃないほど執着心のある起業家に出会ったら、「あの人は変態だね」と言うことがあります。決してけなしているわけじゃなくて、半端のない才能の持ち主として敬意を評した褒め言葉なんですね。

コミュニケーションの巧者

もう一つ、小澤さんは言葉の分かりやすさにも特徴があります。説明をとてもシンプルにかみ砕くので、ストンと腹に落ちます。打ち出し角度、センターピン、51点を目指すなんかもそうですけど、フレーズがすっと頭に入ってくる。リーダーの使う言葉は本当に大切だと思いますね。

コミュニケーションの方法もとてもユニークです。楽天イーグルスで働いていたとき、小澤さんは一つのメーリングリストを共有して連絡をしていました。

当時の球団の職員数は200人ぐらい。そのメンバー全員に対して小澤さんは、個人同士や部署内だけでメールをやりとりすることを原則禁止していました。必ず、全員を宛先に入れたメーリングリストで、すべての業務のメールをやりとりするように指示していました。

後で分かったのは、小澤さんの考え方や指示の出し方を全員に見せて、考え方を理解してもらうためだったんですね。職員は、自分に関係のあるメールをフィルターして選り分けていくんですが、同時に普段つながりのない部署のやりとりも見られるようになります。

やがて小澤さんがどんな基準で意思決定しているのか、どんなプロセスで考えているのかが自然と理解できるようになりました。次第に自分も同じような基準で考えるようになっていったので、僕にはとても勉強になりました。

この方法、さすがに組織が大規模になると実践するのは難しいですが、小さなチームの場合は、リーダーの考え方を浸透させる上で大きな効果を発揮すると思います。特にスタートアップや組織を立ち上げて間もないケースでは「メンバー全員にやりとりを見せる」というコミュニケーションは、ぜひおすすめしたいですね。

岸田祐介《きしだゆうすけ》 氏

2002年に楽天入社。2004年に楽天がプロ野球参入を決めた際、小澤氏と共に創業メンバーとして球団設立に携わった。2009年にフードデリバリーサービスのスターフェスティバルを設立、社長に就任した。

スターフェスティバル

2009年創業、飲食店のeコマースおよび中食デリバリー参入を支援するサービスを提供する。弁当宅配・ケータリングの総合インターネットモール「ごちクル」、企業向けのデリバリー型社員食堂「シャショクル」、即時配達サービス「ごちクルNow」などを展開する。

第5講

失敗力を高めよ

Howは試行錯誤とスピード勝負

Yahoo!ショッピング再生の秘策

Q

小澤さんの過去一番の失敗は？

A

失敗した認識はないんです。

解説

失敗は、成功する上で
欠かせないプロセス。
普段からあまり失敗した
という認識はないんですよ。
もちろん、失敗をしないに
越したことはない。でも経験上、
事業が計画通りに進むことは
ほとんどありません。
むしろ失敗がないということは、
大きな挑戦をしていない
ということじゃないかな。

ニーズと市場を見極め、正しい打ち出し角度とセンターピンを設定する。戦略を決定するこれらの要素が決まったら、次はどう勝つかという戦術、すなわち「How」の勝負になる。戦術を成功させるポイントは、試行錯誤を重ねることに尽きる。仮説を立て、それを試し、うまくいかなければ次の施策に移る。これを速いペースで回して、できるだけ早くゴールに近づいていく。

この過程で理解しておくべきなのは、失敗はつきものだということ。失敗から学んで次に生かすことは、成功に欠かせないプロセスである。この繰り返しによって得られる経験を小澤さんは「失敗力」と呼ぶ。

——打ち出し角度とセンターピンを通じて、戦略の定め方についての話を聞いてきました。ここからは戦術の立て方について伺います。その前に、小澤さんは戦略と戦術をどのように区別していますか。

小澤　細かい定義は専門書に譲るとして、僕にとって戦略と戦術の一番の違いは、「変える」ことの許容度にあると思っています。

よく山の登り方に例えられますけど、戦略はどの山を登るかを選ぶことであり、戦術とはどうやって山を登るかを決めることに近いわけです。要するに、**戦略は一度決めたら原則として変えないけど、戦術は間違えたと思ったらいくらでも変えていい**、ということだと思います。正しい打ち出し角度とセンターピンで戦略を決めたら、あとはいくつもの戦術を駆使して、スピード感を持ってピンを倒しにいきます。

ただし覚えておきたいのは、一つの戦術だけでセンターピンをいきなり倒すのは難しいということです。普通はできないと言ってもいい。だからセンターピンを倒すための戦術はどんどん変わっていくし、その結果としての失敗は数え切れないほどすることになります。

失敗は挑戦の裏返し

——何の失敗もなくゴールに到達することはできないということですね。

小澤　それが普通なんですよ。むしろ、どれだけ失敗をして学ぶかが、このプロセスでは大事です。諦めないで、色々な手をできるだけ多く試すことが自分の経験値をためる上でも肝心だと、僕は思います。

なぜこんなことを強調するかというと、**「最初から何もかもうまくいく」と思い込んでいる人が割と多い**からなんです。何の失敗もなく成功できると信じている人が、起業家の中にも結構な割合でいるんですよ。

でも、新しい事業を始めようとしたら、失敗しないで最後まで行くなんてことはまずないんです。化学の実験だってそうじゃないですか。一つの成果を得るために何度も実験を繰り返して、その多くは失敗に終わります。でも、失敗の積み重ねの上に成果があるし、その過程がなければ成功はないともいえるじゃないですか。事業の立ち上げも本質は似ています。

――試行錯誤の繰り返しだということですね。

小澤　やっぱり一発で成果を出すのは難しいんですよ。**失敗は事業の立ち上げにとって不可欠なプロセスだ**ということを、改めて強調しておきたいです。

あの孫（正義・ソフトバンクグループ会長兼社長）さんや三木谷（浩史・楽天グループ会長兼社長）さんだって、とてつもなく大きな事業を成功させている裏では、たくさんのビジネスに失敗しています。でも、2人ともあまり気にしていないと思います。最初から全部うまくいくことなんてほとんどないし、むしろ失敗こそが、事業が成功するために必要な過程だと知っているからです。

大切なのは、失敗から学んでリカバリーする力ですよね。失敗を繰り返し、道を変えながらも絶対に前に進んでいこうとする意志を持つことは、僕は一つのスキルだと思う。精一杯やってみて、ダメだと思ったらゴールへの道のりをどんどん変えていく。それは悪いことなんかじゃなく、むしろ勝つために必要なことなんです。

だから僕はこれを分かりやすく、「失敗力」と呼んでいます。戦術の執行に当たっては、失敗経験を積むことがいかに重要かということを、みなさんもぜひ覚えておいてほしいです。

失敗にも作法がある

——あまり失敗と言える経験をしてこなかった人には、マインドを切り替える必要がありそうですね。

小澤　そうですね。ただもちろん、失敗にも作法はあるんですよ。いい失敗と悪い失敗、とでも言えばいいでしょうか。

大切なのは、自分の事業がどのステップにあるかを正しく認識することです。繰り返しますが、**失敗していいのは打ち出し角度とセンターピンを定めた後。すなわち、どの山に登るかという戦略をしっかりと決めてからです。**

打ち出し角度やセンターピンは、いわば事業戦略の核に当たる部分ですから、これは間違えてはいけません。一度山を決めたら、やっぱりあっちの山にする、というのは簡単ではないわけですね。

――確かに、登る山を変えるには大きなエネルギーが必要です。

小澤　もう一つ大切なのは、必ず余力を残して失敗するということです。仮にすべての打ち手がダメだったとしても、会社がつぶれない程度のリソースを残しておきましょう。その失敗によって会社が破滅するような挑戦は避けるべきだということです。

逆にこの2つを押さえたら、あとは突き進むだけです。山の登り方がうまくいかないならどんどん変えていいんです。

目指す頂上は一つしかないんだから、右から登ろうが左から登ろうが構わない。ヘリコプターでいきなり頂上に降りる奇策もありです。ビジネスのおもしろいところはルールがないことですから、とにかく色々な方法を考えて試して、誰よりも早くセンターピンを倒せる方法を探していきます。

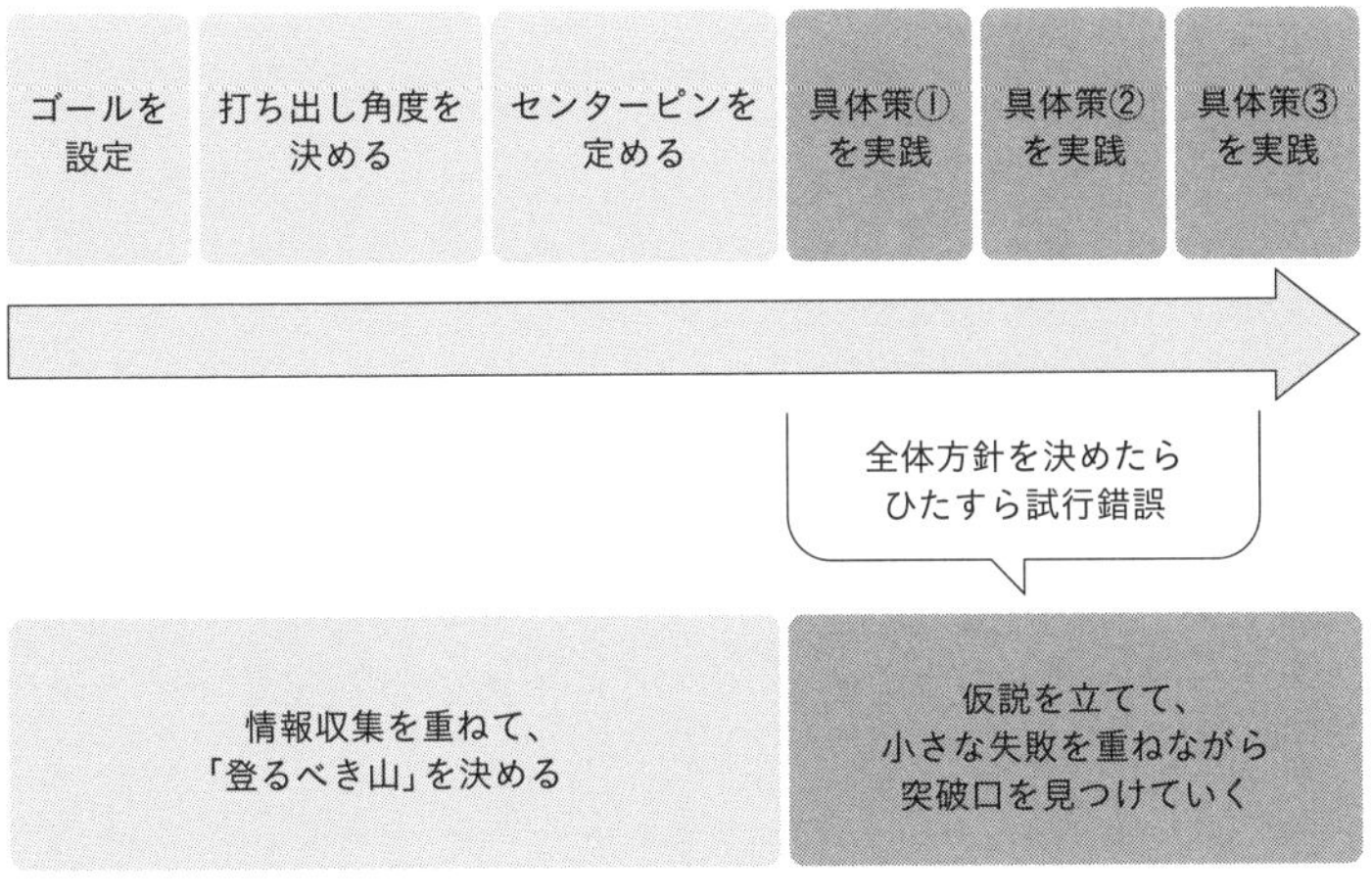
ゴールを設定
打ち出し角度を決める
センターピンを定める
具体策①を実践
具体策②を実践
具体策③を実践
全体方針を決めたらひたすら試行錯誤
情報収集を重ねて、「登るべき山」を決める
仮説を立てて、小さな失敗を重ねながら突破口を見つけていく

試行錯誤をしてもいいタイミングを理解する

仮説を立てて、小さく検証

――ただ、いざやろうとすると、多くの人は何から始めていいか分からないのではないでしょうか。

小澤　最初は躊躇《ちゅうちょ》しますよね。人は「失敗してもOK」と言われても、本当に失敗したらどうしようと不安になりますからね。その気持ちは分かります。

では、できるだけ失敗の影響を受けずに成功の確率を上げるにはどうしたらいいか。**僕は、そのカギは仮説づくりにある**と思っています。最短距離で登れる道を探すために、まずは自分で仮説を立てて小さく検証する。その結果を分析しながら突破口を見つけ出していくイメージです。

――これは第4講で紹介した弁当宅配や診療所の例でも見てきた、仮説検証の繰り返しですね。

小澤　そうなんです。小さな仮説検証がいいのは、いきなり大きな決断をして取り返しのつかない失敗をすることを防げることにあります。特に、自分が見当もつかないような分野で事業をやるときに有効です。僕自身、楽天イーグルス時代には、この小さな仮説検証をものすごく活用しました。

一例を挙げると、チケット販売に年間シートプランを提供する話が持ち上がったときのことです。ほかの球団を調べてみると、どのチームも扱っていて、チケット販売全体における売上比率も高かった。うちも販売しようとなったんですが、値段をいくらにすればいいのか分からない。他球団の相場は当時、大体年間30万円くらいでした。

ほかのチームをまねて同じくらいの値付けにしてもよかったんだけど、もっと高くても売れるかもしれない。そこで、試しに一度売ってみることにしたんです。

――小さく試したわけですね。

小澤　学生のアルバイトに頼んで、仙台市の商店街を回ってもらって、仮に設定した１１０万円で年間シートが何枚売れるのかを見てみました。学生も頑張ってくれて、一日１５０軒ほど回りました。すると1枚売れたという報告があがってきました。

なるほど、と。一人の営業員が１５０軒を回って1枚売れたなら、営業員を10人抱えると大体いくら売れるか試算できるわけです。さらに料金設定を変えて検証を繰り返して、売れ行きをチェックしていきました。

この結果を基に、再度、他球団などをリサーチして、最終的に年間シートは3種類商品化しました。そして50人くらいの営業員が販売して、初年度は結果的に完売しました。

これを、社内の会議室で、「年間シートがどれだけ売れるか」と議論をしていても机上の空論の域を出ません。そんな時間があるなら、小規模でいいから実際に売ってみれば分かるわけです。こうした検証を繰り返すと最適解が見えてくるし、大きな失敗を防ぐことにもつながります。

実際に試して大きな失敗を防ぐ

――なるほど。

小澤　一方で、実際にアイデアを試してみて、やめることもたくさんありました。これも楽天イーグルス時代の話ですが、一般席よりグレードアップしたプレミアム席を、ネットオークションで販売する企画が持ち上がったことがあったんです。

オークションを利用すれば、お客さんにとってはプレミアム席をお得に競り落とせるかもしれません。親会社の楽天もオークション事業を展開しているので、グループ横断のサービスとしてもアピールできます。何よりネット企業らしいユニークなサービスです。

だけど、これも実際に売れるかは事前に予想がつきません。そこで試しに最初は5席だけ売ることにしました。

すると分かったのは、オペレーションが想定以上に手間取るということでした。というのも、チケットを管理しているデータベースの販売金額が、オークションの結果によって随時変動するので、社内の管理が金額変更のたびに大混乱に陥ってしまうんですね。

結果的に、「楽天イーグルスがオークションで席を販売」というメディアへの露出効果はあったんだけど、わずか数十のプレミアム席のために管理体制を抜本的に見直すのは費用対効果が合わないということで、「これ以上は継続できない」という結論に達しました。

テストするのは「不確定要素」があるとき

――いきなり大きく始めていたら、大変だったかもしれないわけですね。

小澤　そうですね。余談ですが、福岡ソフトバンクホークスも同じ時期にYahoo!オークションで同様の施策を始めて、オークションでシートを販売しました。僕は感心しながらも、内心は「これは絶対、管理が難しいだろうな」と思っていた。そうしたら、やっぱり翌年には施策を中止していましたね。

テストするのは、あくまで自分では結果の予想がつかないときです。これを僕は「不確定要素がある場合」と呼んだりしています。例えば、自分が初めて手掛ける事業の場合は知らないことだらけなので、まず検証してみることが大事です。

――第4講の弁当宅配のケースは、まさにそうですね。

小澤　そうですね。弁当の打ち出し角度を「売るプロになる」、センターピンを「弁当をおいしそうに見せる」と定めた後、実際にどういう弁当が売れるのかは、やってみないと分からないところがありました。そこで、検証を繰り返して「おいしそうな弁当」がどんな要素なのかを突き止めました。診療所やハウツーサイト、豆まきの場合も同様に、小さな検証の積み重ねで進めていきました。

試しては修正するというサイクルを当たり前のように繰り返せるようになれば、失敗力は相当高まっていきます。

――失敗を正しく分析して修正していく意識を持つ必要があるわけですね。

小澤　はい。ただし現実には検証するまでもなく、明らかにやった方がいい、という局面も多々あります。実際の事業では、確定要素と不確定要素が常に複雑に入り組んでいて、それらをより分けて、適切に意思決定する必要があるんです。

では何が確定要素で、何が不確定要素なのか。これは一概に切り分けることが難しいので、具体的なケースでお話ししましょう。僕がヤフー（現LINEヤフー）時代に関わった、eコマース（電子商取引）事業を例にします。

Yahoo!ショッピングで定めた戦略

小澤さんがヤフーに参画した2012年当時、ヤフーはメディア事業に次ぐ柱として、eコマースのテコ入れに本腰を入れようとしていた。もともとヤフーはオークション事業で圧倒的なシェアを持っていた。だがショッピング事業ではアマゾン・ドット・コムや楽天が君臨していたほか、メルカリなどの新勢力も成長していた。他社との熾烈な競争に勝つため、事業全体のテコ入れを任されたのが小澤さんだった。

ヤフー（現LINEヤフー）のeコマース事業▼

小澤さんが入社した2012年にアスクルと資本提携し、通販サービス「LOHACO（ロハコ）」を開始。翌2013年には「eコマース革命」と銘打ってYahoo!ショッピングの出店料や売上ロイヤルティーを無料化する戦略を発表、出店者数や商品数を大幅に増やした。2015年には高級ホテル予約サイトを運営する一休を買収し、2019年にはファッション通販サイトを運営するZOZOを子会社化。2022年にはYahoo!ショッピングとPayPayモールを統合した。現在は①ショッピング、②リユース、③サービスECの3事業を柱にしている。2024年3月期のeコマース取扱高は4兆1954億円。

――当時から、日本のeコマースにはアマゾンや楽天といった強力なライバルが存在していました。その中であえてYahoo!ショッピングを選んでもらうためには何が必要だと考えていたのでしょうか。

小澤　当然、一朝一夕には彼らを超えられません。まず自分たちの得意なところを強くしていく必要がありました。では、どうやって強くしていくのか。ここでも奇策はなくて、打ち出し角度とセンターピンを決めるところから始めました。

ただ、ヤフーのeコマースにおける打ち出し角度は明らかです。それは基本的にGMV（流通取引総額）の最大化です。

――GMVの最大化というのは、Yahoo!ショッピング内で取引され、販売された金額の総計をできるだけ大きくするということですね。

小澤　そうです。ヤフーほど規模の大きい企業体になると、打ち出し角度も相応に広く取れるわけです。もちろん、これがスタートアップなら違う戦略を取ります。ファッションや旅行といった特定の領域だけで勝負することにして打ち出し角度を狭めるとか。でも、ある程度の事業規模になると、それらすべてを取り込むGMVの最大化に収斂《しゅうれん》していくと思います。

——ヤフーだけに限らず、ほかのeコマース大手も基本的にはGMV最大化を目指しているわけですね。

小澤　そうですね。では、その中でセンターピンは何なのかというと、僕は「商品数」「価格」「物流」の3つを日本一にすることが決定的な要素になると結論づけました。

さらに、これらの3要素には、強くしていく順番があります。**まずは、なにがなんでも商品数**です。どんなにサイトのデザインが洗練されていて、買い物しやすくて自宅に早く届いたとしても、商品数にバリエーションがなかったら売れません。

例えば、とても使いやすいサイトなのに「商品は4つしかありません」と言われたら、お客さんは何度も訪れてくれないでしょう。商品の選択肢がないと話にならないわけです。

しかも商品は、お客さんにとって欲しい商品である必要があります。「この商品は9割引きです」と言われても、それがお客さんの欲しい商品でないなら買ってもらえませんからね。

——だからまず商品数を増やしていく必要があるんですね。

小澤　その通りです。**その次に価格が大事**になってきます。仮に品揃えが十分でも商品の価格が相場より2倍もするなら、やっぱりそれも売れません。一方で相場の半分の価格だったら多少買いづらくても購入する人は増えるかもしれない。もしかしたら、品切れでも3日間くらいは待ってもらえる可能性もあります。だから、価格はお客さんを引き付ける競争力になるわけです。

そして**最後は物流**です。早く確実に商品が届くかどうかということですね。翌日配送、当日配送など様々なサービスを展開して、届く速さを競いました。

商品は少ないより多い方がいいし、価格は高いより安い方がいい。物流も遅いより速い方がいいに決まっています。理屈の上ではこれら3つの要素を日本一にすれば国内市場では勝てる、ということです。これらの理由から「商品数」「価格」「物流」の順で、3つの要素がセンターピンになると考えていました。

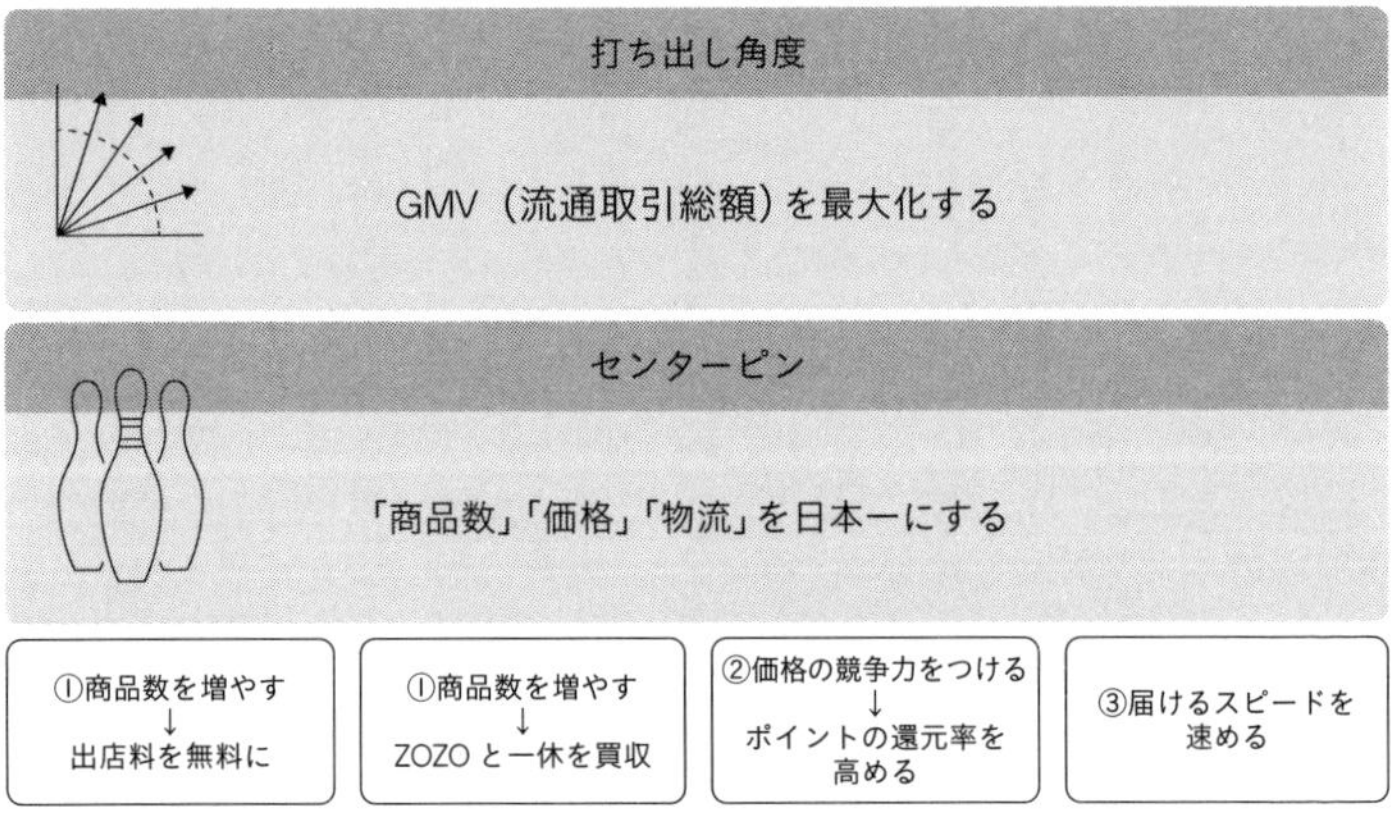

Yahoo!ショッピングの打ち出し角度とセンターピン

How① 出店料無料で商品数を劇的に増やす

――では順番に聞いていきます。最初のセンターピンとなる商品数を増やすために、具体的に何をしたんですか。

小澤　とにかく競合他社が強い中で、僕らが勝機を見つけるにはスケールの大きな仕掛けを展開する必要がありました。商品の品揃えをどかんと増やすにはどうすればいいか。まず打ち出したのがテナントの負担を減らすことでした。

――2013年、ヤフーは「eコマース革命」と銘打って大きく報道発表をしました。他社が徴収していたテナントの出店料を、Yahoo!ショッピングは無料にしました。

小澤　ショッピングモールの運営者であるヤフーは商品を仕入れることができませんから、商品数を増やすにはより多くのテナントさんに出店してもらって、出品数を増やしてもらわないといけません。

であるなら、出店のハードルをゼロにすることでテナントの数は増えるはずだと考えました。お店の数が増えれば商品も増えるはずなので、この循環をまずはつくり出すことから始めました。

この打ち手は確定要素なので、小さな検証はしません。だって明らかにテナントさんにとってはメリットがありますから。出店料を無料にすると決めていたから、「いくら引き下げるべきか」という議論もテストも不要です。即座に進めました。

このときは孫さんの強力なアドバイスと後押しもあって、ヤフーにとっては前代未聞の規模で、この施策を展開することになりました。

eコマース革命と名づけて、孫さんにも記者会見に登壇してもらいました。その結果、出店料無料はメディアでも大きな話題になりました。そして予想通り、Yahoo!ショッピングに出店したいというテナントが急増し、商品数は思惑通りに増えました。

How② ポイント施策で商品の価格を引き下げる

――2つ目のセンターピンである価格についてはどのように競争力をつけようとしたのでしょう。

小澤　当初の狙いは出店料を無料にしたら、その分をそれぞれの店が商品の価格に還元して引き下げてくれるかもしれない、と期待していました。

――しかし、実際には思惑通りに商品の価格は下がらなかったようですね。

小澤　そうなんですよ。これを受けて、すぐに次のHowの展開を進めました。テナントのみなさんに競争力のある価格をつけてもらうにはどうしたらいいか。このときは、僕らはポイント制度をフル活用しました。

モールの運営者であるヤフーはそれぞれの店の商品の価格を下げることはできません。でも、モール側がポイントを付与することで、間接的に商品の価格を引き下げられると考えたんです。例えばヤフーが負担してポイントを一律10%付けると、理論上は全体で10%値引きのような効果があります。

――原資はどのように捻出したんですか。仮にヤフー側がポイントを発行することになると、収支を悪化させてしまいそうです。

小澤　そうなんですよ。ヤフーも無尽蔵にポイントを発行するわけにもいかないので、この時期は一番苦しかったですね。なかなか妙案が浮かばず、当時はこのことばかり考えていました。寝ても覚めてもこのことが頭に浮かんできて、最後は、明け方にうとうとしているときにふと、「ソフトバンクモバイルと協力すればいいんだ」というアイデアが浮かんだんです。

ソフトバンクに連絡すると、ヤフーのeコマースを伸ばすことに協力すると答えてくれました。そして小さく試してみたら、Yahoo!ショッピングにポイントを付けると、それを使っているソフトバンクモバイル会員の解約抑止につながることが分かったんです。

お互いにメリットがあり、これはいけるとなって「ポイント5倍キャンペーン」を始めました。

結果的に当初描いていた価格の引き下げにつなげていったわけです。

ただし、ここで一つ課題になったのが還元率でした。要するにアマゾンや楽天と比べて何%くらい割引率が高かったらＹａｈｏｏ！ショッピングを選んでくれるのか、という水準が分からなかったんです。

――値下げ幅は大きければ大きいほどいいわけですから、ギリギリまで引き下げればいいのではないんですか。

小澤　理屈上はそうだけど、実際にはどこかで効果が薄まるんですよ。ある割引率を超えて還元しても、顧客はそれ以上増えないんです。上がり幅が寝るという表現をしていたのですが、やりすぎるとムダなコストが発生してしまいます。

じゃあ、どのくらいの割引率が最適解なのか。これについては、かなり細かく検証を重ねました。Ｙａｈｏｏ！ショッピングでよく売れる商品を数千程度絞り込んで、価格をモニタリングしていきました。他社と比べながら、割引率によってお客さんがどう動くのかを調べていって、最終的には10%に決めました。

How③　M&Aを駆使して重点分野をスピード拡充

――Howの選択肢の中で、小澤さんが積極的に活用したのがM&Aです。

小澤　とにかく一気にライバルに追いつくには大技も必要だということで、特に効果的な打ち手と考えていたのが、既にあるいい会社を買収することでした。

中でも、特定のカテゴリーでブランド力を持っていて、従来のヤフーとは違う顧客層を抱える会社を集中的に探していました。その結果、有力候補に上がってきたのが旅行・飲食店予約の一休と、ファッションのネット通販を手掛けるZOZOでした。

一休は当時、既に旅行分野ではハイクラスのサービスを提供するサイトとしてユーザーにも定着していました。一定の基準を満たした宿やレストランだけを取り扱っており、利用者も品質を理解した上で使っています。

この強みを生かした上で、ヤフーからもトラフィックを送ることで、より事業を伸ばそうと考えていました。最終的にはYahoo!トラベルも一休に運営してもらうことで経営効率を高めていきました。結果、運営コストを抑えられた上に、一休のノウハウでYahoo!トラベルの使い勝手も向上しました。

ZOZOも一休同様、ファッション商品をすべて取り扱っているわけではなくて、一定基準を満たしたカテゴリー上位の商品を扱っていました。これらに対して、ポータルサイトを経由してより多くのお客さんを送出できれば活況になるはずだ、という仮説は同じです。もともとサービスの質がとても高いので、お客さんを何倍かにすればもっとうまくいくと考えていました。

――商品数を増やすというセンターピンに対して、既に実績のある会社を丸ごと買収して、全体の絵をつくっていこうと考えていたのですね。

小澤　センターピンは定まっているので、あとはそれを達成するためのパズルのピースをどうやって集めるかにかかっているわけです。M&Aに関して言えば、「ヤフーとは異なる客層を抱えていて、我々の膨大なトラフィックを生かせるサービスなら成功できる」という仮説も明確でした。だから、いざM&Aの話がきたら、躊躇《ちゅうちょ》なく買収する心構えができていたわけです。

事業は一発では当たらない

――これらの施策もあって、2016年3月期に1兆5000億円規模だったヤフーのeコマース取扱高は、2024年3月期には4兆1954億円と約3倍になりました。

小澤　もちろん、eコマース事業の中でもすべてが思惑通りにいったわけではありません。

ショッピングやサービスEC事業は成長の途上ですし、競合他社もすぐに同じような施策で追いかけてきます。一休やZOZOの裏で、残念ながら期待していたほどの成果を得られなかったM&A案件もありました。試行錯誤はこれからも続けていかなくてはならないでしょう。

ただ、その中でも繰り返し強調したいのは、事業の立ち上げは失敗もなく、一発で成功することはありえないということです。戦略の実行は手を打ち続けながら、失敗を重ねて、そこから学び続けるという一番きついフェーズです。必死に考えた施策でもあっけなく頓挫《とんざ》したりします。それでも諦めず、ユーザーにとってのセンターピンをどのように満たすのかを愚直に考え続けることが大事です。

——すべては、失敗力を高めることにつながると信じ続けるマインドも大切になりそうですね。

小澤　つい忘れてしまいがちですが、失敗から学ぶという失敗力はとても重要です。常に意識するために、最近は起業家の人たちと面談するときは、こんな質問をするようにしています。

「これまでで一番の失敗は何ですか？」

特に思い当たらないということは、実は何も挑戦していないのかもしれません。もちろん、ずっと失敗続きでは困るけど、失敗から学ぶプロセスも含めて、新しい事業をつくろうと考えている人には、正しい失敗力を身につけてほしいと思います。

失敗するのは当たり前。堂々とそう言えるくらいになれば一人前ですね。

第5講のおさらい

○事業に失敗はつきもの。最初からすべてうまくいくことはまずない。

○ただし、失敗にも作法がある。失敗していいのは戦術を実行する段階から。余力を残して失敗し、失敗から学ぶことが大事。

○仮説を小さく検証することで、失敗力を高めることができる。

COLUMN

「心の中の小澤さんが襟を正してくれる」

アル代表取締役
古川健介
Kensuke Furukawa

小澤さんとの仕事で僕が印象に残っているのは、とにかく本質に立ち返らせてくれるところです。

事業をやっていると、各論にはまって全体像が見えにくくなることがあります。そんなときに小澤さんは目線をぐっと引き戻してくれる問いかけをしてくれます。

例えばnanapiをやっていたころ、ゴルフの記事を書いていて、SEO（検索エンジン最適化）対策をして記事を検索上位に表示させようと躍起になっていました。目の前の数字をとにかく伸ばさなきゃ、と必死になっているところに、小澤さんはこんな質問を投げかけてきました。

「キーワード対策は分かるけど、そもそもゴルフをやりたい人はどういう記事を読みたいんだろう」

おそらく、本人は無意識に言ったんだと思います。でも、僕にとってはお客さんがサービスで本当に価値を感じるのはどこかを考え続けないと永続する事業にはならない、というメッセージだと受け取りました。ハッとしたというか。言われれば確かにそうなんですけれど、日々の仕事に追われるとつい忘れてしまいがちな本質です。

そして本質は、とてもシンプルな言葉で説明できるということも学びました。あるとき、電子決済の「PayPay」がなぜあれほど成功したのかと聞いたんですね。そうしたら、「使える場所が一番多くて、一番お得な決済にしたから」と実に端的に教えてくれました。

今では日本でシェアトップのPayPayの戦略って、こんなにシンプルに説明できるんですよ。これだけ聞くとめちゃくちゃ単純で、門外漢の僕でも理解できます。

結局、戦略というのはこのくらい本質を突いていないと大きな組織に浸透させられない、ということなのかもしれません。

さらに僕にとって学びになったのは、小澤さんはこの本質をめちゃくちゃな規模で実現させるということです。小澤さんはPayPayのセンターピンを定めたら、それを全面展開するためにこう考えるんですね。

「日本中のお店で使えるようにして、ポイントが一番得だったら使うはず。だから営業を千人規模で採用して一気に店を開拓し、ポイントも限界まで付与して、数百億円を投資する」

おそらく優秀な人なら本質を見抜くところまではいくと思うんです。でも僕が小澤さんのすさまじさを感じるのは、本質を見極めた上で、答えが分かったらそれをとんでもない規模で実現させるパワーにあると思います。

誰でもまねできる再現性の高さ

起業家にはそれぞれ自分なりの事業立ち上げ論がありますが、僕は小澤さんの方法論はその中でも特に再現性が高いと思っています。要するにまねしやすいんですね。

ざっくり言うと、「お客さんが一番価値を感じるところに適切にリソースを配分しましょう」「正しい目標を設定しましょう」の2つをしっかりやる。極めて分かりやすいんです。

だから、ちゃんとその通りにやれば誰でもできます。まったくトリッキーなことはしていません。資金が100万円しかなかったら100万円なりの事業の立ち上げができるし、1兆円使えるんだったらPayPayみたいなこともできます。実績が再現性の高さを証明していると思いますね。

突き詰めれば、当たり前のことを当たり前にやるということなんですけど、意外と忘れてしまうので、僕も時々、小澤さんの言葉を思い出して襟を正しています。

あるとき、クリエーター向けのサービスをつくっていて、有名なアーティストとコラボレーションするという話になりました。有名人は誰がいいか候補を挙げようとなったんですが、社内会議で出てきたのは、依頼をすんなり受けてくれそうな無難な人ばかりでした。

ここで僕の心の中の小澤さんが囁《ささや》いたんですね(笑)。小澤さんなら「絶対に世界的に人気がある人にアプローチするだろう」と思いました。

それに背中を押される形で、当時、世界中の人気者だったミュージシャンのジャスティン・ビーバーにダメもとで依頼してみたんです。そうしたら、なんと受けてくれました。

この件に小澤さんは直接関わっていないのでこうやって話すのもどうかと思うんですけど、ジャスティン・ビーバーに依頼できたのは、小澤さんの背中を見てきたからかもしれません。普通なら絶対ダメだろうと思って諦めちゃうけど、やってみるまで結果は分からない。これも小澤さんから学んだ姿勢で得た成果です。

アイデアは世の中に転がっている

僕は小澤さんと会社をつくるまで、9年近く自分のアイデアでサービスをつくっていましたが、小澤さんとやったnanapiが一番リターンの大きなサービスになりました。

これから事業の立ち上げを考えている人に言いたいのは、自分のアイデアに固執する必要はまったくないということです。アイデアなら世の中にいくらでも転がっているし、小澤さんのような先輩事業家がたくさんネタを持っています。でも、すべての事業を小澤さんたちができるかというと、時間の制約があって難しいんですね。

それなら、自分が起業家として、小澤さんが考えた100のアイデアの一つを担うという考え方もありだと思います。かくいう自分もそれで貴重な経験を積むことができたし、事業づくりのおもしろさに巡り合うことができました。

もちろん、自分がやりたいことを探したり、自分が情熱を燃やせるものがいい、という考え方も否定はしません。けど、もしやりたいことが見つからないなら、誰かのアイデアを執行するという事業立ち上げの道もあるということを、覚えておいて損はないと思います。

古川健介《ふるかわけんすけ》 氏

リクルート在職中の2007年に起業。2009年にハウツーサイト「nanapi」を立ち上げ、2014年にKDDIグループに売却。その後、漫画ファン向けのSNS「アル」を運営するアル代表として活動している。「けんすう」の通称で、ユニークな考え方を提案するインフルエンサーとしても注目されている。

nanapi（ナナピ）

生活の知恵や日常のハウツー情報を網羅するプラットフォームとして2009年にサービスを開始。家事、健康、ビジネスなど様々な分野におけるノウハウを提供してユーザーの支持を集めた。2014年にKDDIグループが全株式を取得、2015年に同じくKDDI傘下のスケールアウトおよびビットセラーと合併。2020年にサービスを終了した。

第6講

勝者の資質

しつこい人間が最後は残る

三木谷・孫、2大経営者の執着心に脱帽

Q 事業家や起業家に最も必要な能力は？

A 執着心は、ものすごく大事。

解説

スキルは分からないけど、
成功する会社の経営者は
例外なく執着心があります。
みんな、しつこさが
尋常ではありません（笑）。
諦めずに粘り強くやり抜く力は、
事業を立ち上げる上で
最も大事な素養です。

成功する起業家の条件とは何か。何百人という起業家に会ってきた中で、小澤さんが明確に感じたのが執着心の強さである。自分が信じた事業をどれだけしつこく、粘り強く、やり抜けるか。勝つまで諦めない意欲が、成功する条件には欠かせない。

執着心は決して持って生まれた才能ではない。後から鍛えて身につけることができると小澤さんは言う。

――ベンチャーキャピタリストとして、小澤さんは優れた起業家をどのように見極めているのですか。

小澤 まず大前提として、僕は市場選び、打ち出し角度、センターピンが正しければ、どんな起業家でもある程度は成功できると思っています。

その上で起業家の資質を見ていきますが、結論から言うとどんな人が成功するのかを見極めることは難しいんですよ。人ってそれぞれ考え方が違うし、バラバラすぎるから。すぱっと明確に判断する基準はないんですね。

ただ、そうは言ってもこれまで色々な起業家と会ってきた中で、いくつか共通点があることはあるんです。

――どんな共通点ですか。

小澤　一つは起業家の志です。その人がどれくらいの目線の高さで事業を考えているかということですね。それを知るために僕がよく聞いているのが、「何のために事業をやるの？」という質問です。

答えは大抵の場合、2つに分かれるんですよ。僕は**「好きなことやりたい派」と「でかくなりたい派」と呼んでいます。**それぞれ説明しましょう。

まず、好きなことやりたい派は純粋に自分のやりたいことがあって、事業を通してその夢を追いかけたいというタイプです。例えば、絵を描くのが好きだからギャラリーを経営したい、楽器を演奏するのが好きだから楽器店を開きたい、といった具合です。自分のやりたいことが明確で、情熱もあります。

――自分が夢中になっていることを事業として大きくしていきたいわけですね。

小澤　そうですね。この場合は当人のモチベーションが高いので、市場の成長が期待できそうな領域の場合は、ピタリとはまって大いに伸びる余地があります。すばらしい起業家になる可能性が高いです。

一方で、やりたいことと市場の伸びが一致していない場合はちょっと難しい。仮にですけれど、「自分はパン店を経営したい」という人がいたとします。やりたいことに対して僕が文句を言う筋合いはないんですけど、投資家としてパン店という市場にどれだけの成長余地があるのかはよく精査しないといけない。少なくとも第一印象からすると、ベンチャーキャピタルが関与するほどのリターンは期待できなさそうだ、となります。

　ですので、好きなことをやりたい派の起業家で市場選びが僕らの想定と違っている場合は、「申し訳ないけど自己資金の中でやりたいことをやってください」とやんわりアドバイスします。

――自分のやりたいことが、必ずしも事業として正解ではないということですか。

小澤　もちろん自分のやりたいことを自己資金の範囲内でやる分には、誰も文句を言う筋合いはないんですよ。僕が言っているのは、あくまでベンチャーキャピタルが関与する場合の話です。いったん投資を受けると、投資家の期待と重圧も背負うこ

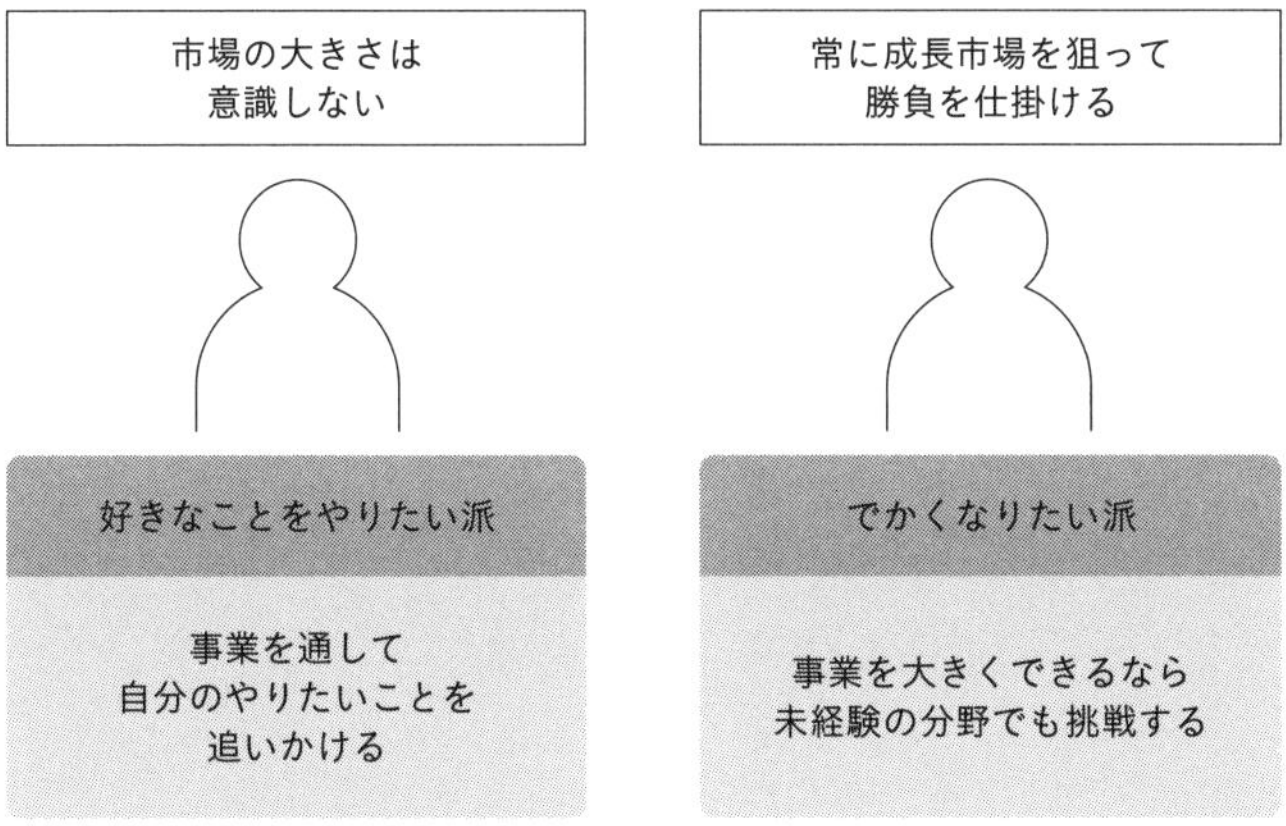

起業家の志から成長余力を探る

とになるので、話が込み入ってきます。だから投資家から資金調達を考えているなら、好きなことをやりたい派でも、できるだけ成長余地のある市場で夢を実現するのが理想です。

とはいえビジネスって、自分の経験以外のことに踏み込むのは本当に難しいですよ。やっている本人がそれを客観視することがなかなかできないからね。何か新しいことを始めようとすると、ほとんどの人が自分の経験の範囲でできる事業を選んでしまいます。

「とにかく大当たりを狙う」もあり

――自分の経験のない分野で事業を起こすのは確かに難度が高そうですしね。

小澤　ところが世の中には、そういうことをやってやろうという人が少ないながらもいるんですね。これがもう一つのタイプである、でかくなりたい派です。

この人たちは究極、事業を大きくできるなら何でもやってやろうと考えています。とにかく「大きくなれる事業は何か」を探すことに貪欲で、常に成長市場を狙って勝負を仕掛けていきます。

僕から見たら、孫（正義・ソフトバンクグループ会長兼社長）さんとかはまさにそうだと思いますよね。出版をやって、ソフトウエアの流通をやって、展示会事業をやって、ブロードバンド、携帯電話と来て、投資ファンドからＡＩ（人工知能）や半導体に移っています。

――確かに事業内容が首尾一貫しているとは言い難いですね。

小澤　「情報技術で世界の人々を幸せにする」という大きなビジョンを掲げていて、本人の中ではすべてつながっているんです。一方で客観的に見ると、会社を大きくするために次々と業態を変えているようにも見えます。時流を見ながら、その都度、成長余地のあるところに次々と転戦しているわけです。

その根っこの部分には、孫さんの「事業を大きくしたい」という強烈なモチベーションがあるんだと思っています。

なぜそう感じるかというと、実は僕も似たような動機を持っている時期があったからです。最初に起業家になろうと決めたのは、当時、父親が抱えていた多額の借金を返済する必要があったからです。借金を返済するには数十億円単位で稼げる仕事が必要です。普通の会社員、あるいは弁護士や医者になっても収入的には全然足りなくて、とにかく事業で大きく当てる必要がありました。そして、その可能性が最も高かった起業家という道を選びました。

だから数としては決して多くはないけど、世の中にはでかくなりたい派も確かに存在します。どちらかというと野心的な人が多いですね。

ただし僕は、どちらのタイプが正しいのかと言っているわけではないんです。**好きなことをしたい派もでかくなりたい派も両方ありです。生き様の違いであり、成功確率の問題**なんです。自分の好きなことに夢中になって成功したら理想的だけど、あくまでも確率で見ると、柔軟に事業を変えられるでかくなりたい派の方が、市場で勝てる確率は高いかもしれません。

――生き様の違いというのは納得です。正解はないということですね。

小澤　好きなことをしたい派だって、別に投資を受けないなら、生活できる程度に稼げる人はいくらでもいますよ。ただし投資家から資金調達したいとなった瞬間に、いずれは株式上場かM&Aを目指すことになります。そうなったら好きなことをやりたいだけではきつくなる。だから起業に当たっては、まずこの違いを理解しておくことが大事なんです。この差が分からないまま好きなことをしたい派がベンチャーキャピタルに相談をしても、大抵は断られるでしょう。自己資金でやった方が絶対に幸せです。

どのような判断基準を持っているか

――起業家の志以外にも、小澤さんが見ているポイントはありますか。

小澤　もちろん投資判断には起業家の志だけじゃなく、事業内容も聞きます。だけどスタートアップって、最初に始めた事業でそのまま株式上場まで進むケースはそんなに多くはありません。事業内容を真剣に議論しても、途中で変わってしまう可能性が高いんですよね。

なので事業について聞く場合、僕は別のことを見極めようと思って質問しています。すなわち**起業家がどのような判断基準で意思決定をしているか**という思考回路を確認しています。

――意思決定のプロセスを見ているわけですか。

小澤　「なぜ、この事業をやろうと考えたの？」「何をゴールにしているの？」「何を実現したいの？」……。その考えに至る論理だったり判断の根拠を聞いて、どれだけ経営者としての潜在能力があるのかを見抜こうとします。

なぜかというと、仮に今やっている事業がうまくいきそうにないという評価であっても（もちろん僕の評価が外れることもたくさんあります）、考え方や姿勢がしっかりしていれば、別の事業で成功する可能性があるからです。

まあ、それでも人の能力を一発で見抜くのは難しいですよ。人間の本性なんて一度話しただけでは分からないからね。だから少しでも興味を持った人には、何度も会ったり、食事をしたり、課題を出したり、と色々なコミュニケーションを取って理解を深める努力をします。でも、それでも投資に至るケースは稀です。１００人会って１人とか、そのレベルですよ。

三木谷・孫、2人のずば抜けたしつこさ

――100％自信を持って人を見極めるのは難しいということですね。

小澤　そうですね。ただそれでも僕が見てきた中で、事業を成功させている人に共通する資質のようなものもあります。それが執着心の強さです。奇抜な才能でもなんでもないけど、**粘り強くやり抜く力が、成功者の条件であることは間違いない**と思います。

――しつこい人が強いということですね。

小澤　代表例は、やっぱり三木谷さんと孫さんですよ。2人のレベル感はちょっと突き抜けすぎていて比較不能なんだけど、あの執着心は本当に尊敬に値します。2人とも成功するために必要なことは何かを、常に考えています。

三木谷さんで言えば、最近なら携帯電話事業に対する執着心ですよ。もう執念と言ってもいいと思います。

散々、メディアから事業に対する批判を受けたけれど、三木谷さん自身はどこ吹く風で、全然動じない。ネクタイを締めて自ら営業の最前線に立って、あらゆる人に楽天モバイルの加入を勧めているわけです。並みの精神力ではあそこまで突き抜けることはできません。僕ならとっくに

参っていると思う。それでも三木谷さんは、諦めずに続ければ成功するという強い信念で徹底してやっています。

おもしろいのは、トップがそういう姿勢だと、懐疑的だった周囲もだんだんと「俺たちいけるんじゃないか」という気になってくることです。「勝負は負けと認めたときが負け」と誰かが言っていたけど、三木谷さんは絶対に負けを認めません。あの姿を見ていると、やっぱり執着心は成功に不可欠な素養だと感じますよ。

――確かに少しずつ、メディアの論調も変わってきていますよね。

小澤　孫さんもそうです。一つの事業に取り組むと、もうそればかり考えています。ブロードバンド、携帯電話、投資ファンド、最近はＡＩや半導体と、「これは」という事業を見つけたら寝ても覚めても考え続けて、夜中でも何か思いついたら、関係者に電話やメールで指示を送ったり、会議を開いたりしています。

その集中力たるやすさまじいですよ。自分がこうしたいと思ったことに対して、あらゆる手段を使って実現しようとする。まさに鬼の執着ですね。

もちろん、すべてが成功するわけではありません。でも誰かに言われてやめるとか、やる前から諦めることは絶対にしないですよ。自分が納得するまで、もうとことんまで続けます。往生際が悪いとか、カッコ悪いとかは関係ない。起業家にも執着心のある人はたくさんいますが、僕が見てきた中で2人はやっぱり次元が違いましたね。

——実際に、2人の下で働いていて見てきたわけですからね。

小澤　長く事業をやっていると、結局、誰も思いつかなかった飛び抜けたアイデアなんて、そうそう出てくることはないってことが分かってきます。大抵は既に世の中の誰かが思いついていて、それを後追いしているわけです。その中で成功するのはやっぱり、徹底的にやり抜いた人ですよ。**誰よりも粘り強く、諦めずにやり続けられるかで勝負が決まるケースが実に多いんですね。**

言葉を変えれば、誰が聞いても成功するだろうというアイデアには、全速、全力で突っ込めばうまくいく可能性があるということです。それを知っている人は、チャンスを見つけたら執着心を持って、あらゆる方法でやり抜こうとするんだと思います。

monopo創業者2人の執着心

——孫さんや三木谷さんのようなレベルの人だけでなく、執着心はあらゆる起業家にとって大事な素養だということですね。

小澤　少し極端な例を挙げましたが、僕の投資先に、愚直に繰り返し同じことをやり続けることができる人が多いのは一つの傾向かもしれません。

まず思い浮かぶのは、monopo（モノポ）というスタートアップを創業した岡田隼さんと佐々木芳幸さんです。

上場はしていないし、一般の人からの知名度は決して高くないけど、クリエーティブの世界では確固たる地位を築きつつあります。

――国内外の大手企業のグローバルブランドの仕事を手掛け、広告業界の勲章であるカンヌライオンズでも賞を取っています。

小澤　共同創業者である2人は、大学生のときに、eコマースの受託開発で起業しました。ファミリーレストランに夜な夜な集まって、僕も時々参加しながら、「あんなことやったらいいんじゃないか」「こんなことはどうか」と相談して会社を始めたんだけど、最初から順風満帆というわけではありませんでした。

途中で何度も事業に行き詰まったし、トラブルでお客さんの前から逃げちゃったり。挙げ句の果てには、僕がお願いした事業を勝手に中止して大喧嘩したり……。何度、呼び出して説教したか分かりません。

でも2人は諦めなかったんですね。愚直に色々な仕事に食らいついて、必死に生き抜こうと踏ん張り続けていました。2人で害虫駆除のアルバイトをして糊口《ここう》をしのいだ時期もありました。

そしてあるとき、クリエーティブ領域に活路を見出すんです。2人とも元ミュージシャンで、クリエーター向けに特化したクリエーティブエージェンシーに鉱脈を見つけたんですよ。そこからコツコツと実績を重ねていって、今やロンドンやパリにも拠点を構えるグローバル・エージェンシーにまで成長しました。

——諦めないというのがカギなんですね。

小澤　まあ、それ以外の選択肢がなかったのかもしれないけどね（笑）。当初、3人で会社を設立したときは本当に、資本金100万円の小さな会社でしたから。誰も今の状況は想像していなかったと思います。でも、**何者でもない状態から努力を積み上げていくと、どこかで人生が変わることがある。** monopoには決してユニコーン企業のような派手さはないけど、今ではクリエーティブの世界でも一定の評価を受けるようになりました。僕はこういう成長を見るのが、とても好きなんですね。

アソビュー山野代表のやり切り力

——執着心を見極める方法として、小澤さんは時々、起業家に課題を与えるそうですね。

小澤　たまにやります。宿題を出して、その人がどれだけ諦めずにやり切るかを見るんです。それで思い浮かぶのはアソビューを起業した山野智久さんです。出会った当時、彼らはレジャーをオンラインで予約できるプラットフォームをつくろうとしていました。相談を受けた後、彼の執着心を見てみたかったので「まずは何かで日本一になってよ」という宿題を出しました。

――何で日本一になるのか、から考えないといけないですね。

小澤　そうしたら競合するサイトを調べてきて、ベンチマークすべき会社を持ってきたんです。それを根拠に「掲載数でライバルを抜いて日本一になります」と。

結果、山野さんは半年ぐらいでそれをやり切りました。当時、その競合サイトの掲載数が100件くらいだったところを、山野さんは110件くらい掲載してきた。

でも僕も天邪鬼《あまのじゃく》なので、「いやいや3倍は上回らないと日本一とは言えないだろう」なんて言って(笑)。結局、彼らは330件、見つけて掲載しましたよ。大したもんです。

アソビューは珍しく、僕個人とYJキャピタルの両方を通じて投資したスタートアップでした。その後、彼の力が存分に発揮されたのが、コロナ禍で売り上げが急減して会社が窮地に陥ったときです。持ち前の粘りで危機を打開して、見事に再起しました。

――粘り強さは武器にもなりますね。

小澤　あともう一人、しつこさで印象に残っているのはクラウドワークスを創業した吉田浩一郎さん。彼は何度断っても僕に会いに来る。もう、めちゃくちゃしつこいんですよ（笑）。とにかく時間を下さいとやってきました。確かに当時、迷惑ではあったけど、僕はそういう人が嫌いじゃない。最後は会うことにしましたよ。

あえて利己的な人間になる

――一方で、やっぱり執着をしない人は結果を出しにくいのですか？

小澤　状況にもよりますけど、相手の気持ちが分かりすぎてしまうと遠慮して執着しなくなりがちですよね。

相手に遠慮してしまう人だと、吉田さんみたいに「どうしても会いたい」という情熱があったとしても、相手が「会いたくない」って断った瞬間に諦めちゃうと思うんです。行動する前に自制してしまうというか。

一方で「そんなの関係ねえ、俺は会いたいんだ」という選択肢もあるわけで、そういう人は家の前で待っていたりします。もちろん僕は迷惑だけど、そこまで必死なのかという心意気は伝わるから感心はしますよね。

――多少の強引さはあってもいいと。

小澤　まあ、あまり行儀がよくないのは確かです（笑）。意地悪な人という意味ではないですよ。でも、**自分の気持ちに対して素直に従えるかは、執着心を奮い立たせるという意味では大事**だと思います。究極、自分のやりたいことにこだわることが執着するということですから。

極端だけど、昨日までは「こっちが正しい」と言っていたことを、翌日には平気で「こっちは違う」と言えるかどうか。そんなこと言ったら周りがどん引きすると思っていたら言えないんですよ。だから普通は悩みます。でも、執着心のあるリーダーはそれを平気でやりますよ。

――ある意味では相当、自己中心的とも言えますね。

小澤　おそらく利己的な人なんだと思いますよ。最近は、相手のために尽くす「利他」という考え方が割と支持を集めていますけど、自分のやりたい事業で言えば、僕は利己的な人の方が成功する確率は高いと思っています。

でも、これはあくまで確率の話です。利己的でうまくいかない人もいっぱいいるし、優れた起業家で利他的な人が成功する確率ももちろんある。それでも僕の経験を振り返ってみると、執着心のある人が成功しているケースが多いですよ。

「儲けたいから起業する」でもいい

小澤　もう一つ、執着心と並んで大事なのが、起業家のモチベーションの源泉を理解することです。僕は基本、起業したい理由は何でもいいと思っています。ただし、その動機の強さはやっぱり成功に影響を与えます。

いいサービスをつくりたいからでもいいし、儲けたいからでもいい。あるいはコンプレックスを克服したい、モテたい、褒められたい、社会に貢献したい……。人によってモチベーションは本当にバラバラです。

――現実はどれか一つではなく、それらが複雑に絡み合っているのかもしれませんね。

小澤　そうですね。欲求に対するこだわりが強いほど、執着心に強く影響を与えると僕は思っています。甲子園の例で言うと、「甲子園に行けたらラッキー」と思っている人と、「甲子園に出てプロ野球選手になって両親の生活を支えるんだ」と思っている人では日ごろの努力は絶対に違ってきますから。

その意味で、僕は相手の〝必死感〟をいつも見ています。それが逆境でどれくらい踏ん張れるかにも影響を与えるので。やっぱり、起業って辛いんですよ。だから相当強い動機があって心が強くないと簡単に諦めてしまうんです。

努力すれば「利業的」になれる

――となると、執着心は結局は、持って生まれた才能や性格で決まる面が大きいのでしょうか。

小澤　そう思われがちなんだけど、実際はそうでもないと思います。というのも、性格は利他的でも事業に関しては利己的な人をたくさん知っているからです。

自分の事業のためにあえてやっているという意味で、僕はそれを「利業的」という表現を使ったりしているんだけど、要するにそういう意識を持ってふるまうということです。自分を客観的に見て、利己的になるべき場面で利己的になるテクニックを身につける。「これは申し訳ないけど利己的にいかせてもらうよ」という意思決定の方法はありだと思います。

もちろん、ある程度は生まれ持ったものもあるとは思いますよ。けれど、**後天的に執着心を身につけることはできます。それが大事だと理解して意識すれば、努力して身につけられる能力**だと思います。

――あえて利己的になるスキルを鍛えるべきですか。

小澤　まあ、無理に自分の気持ちを抑えず、欲求にものすごく正直になる感覚を覚えることですね。客観的に自分を見て、あえてわがままで自己中心的にふるまう練習をしてみるのも手です。僕自身、そこまで執着心がないタイプだと思っているんだけど、執着は大事だと認識しているから、勝負どころでは徹底的にやり切ります。もとからある性格よりも大切なのは、自己認識力を高めることかもしれません。

——執着心がある人はすぐ分かりますか？

小澤　変わっている人が多いから（笑）。10分も話せば分かるし、30分くらい話したら確実に見分けられます。

ただ難しいのは、執着心があれば事業に成功できるわけではないということです。執着心が強いと副作用もすごくて、周りの人との衝突が起きやすい。能力の高さゆえに周囲とのコミュニケーションがうまくいかず、喧嘩したりして事業に失敗する人もいます。投資家の意見も聞かないし、部下との折り合いも悪かったり。お客さんと口論してしまうこともあります。

投資をする立場からしたらとても難しい選択なんですよ。執着心があって利己的で、でも周囲とうまくやれる人。矛盾だらけなんだけど、本当に稀にいるんですよね。１０００人会って１人とか。でも、やっぱりそういう稀有な人物が上場企業のオーナーになっていきます。

ヒットかホームランか

――小澤さんはそういう執着心のある人に投資してきたんですか。

小澤　基本はそうですね。ただ、僕の投資スタイルで言うと、これまではどちらかというと確率を上げにいくことを重視してきました。いわゆる大物起業家と呼ばれる人と出会うことも多かったけど、個人で投資するケースは意外と少なかったんです。

というのも、大ホームランを打ちそうな人や実際に打った人に会うと、「そういう人は僕でなくても投資を受けられるだろう」と考えてしまうんですね。

一方で、「色々な投資家に全部断られたけど、小澤さんだけは手を差し伸べてくれた」みたいなケースは結構あって、そうした案件を結果的に選択していることが多かったと思います。何だろう、特大ホームランを打つという成功よりは、「凡人でも起業で成功できることを証明したい」という気持ちが強いからかもしれません。

――スタートアップへの投資には、投資家の生き様も少なからず投影されるんですね。

小澤　あくまで結果論ですよ。もちろん、僕もホームランを狙っているし、過去にそうしたホームランバッターに投資できなかったことに後悔がないと言えば嘘になります。でも、やっぱり僕は自分のフレームワークを使って、ごく普通の起業家を多く成功させたい、という点に関心がいってしまうんです。

まあ、このあたりは今後はどうしようか考えてはいるところです。最近はもっとホームランバッターに投資してもいいかなと思うこともあります。でも当然、失敗の確率が高まるわけですよ。それはそれで、度胸がいりますからね。

「逃げ足の速さ」も大事なスキル

――投資を決めるまでに、実に色々な判断基準で起業家の資質を見極めようとしているんですね。

小澤　そうですね。ただここまで散々持論を説明してきて何だけど、最後に一つ矛盾めいたことを言います。それは執着し続けることがいつも正しいわけじゃない、ということです（笑）。物事にはたくさんの側面があって、執着心を持たなきゃいけないんだけど、一方でこれは失敗だと判断して撤退する逃げ足の速さも必要なんです。

現実問題、**事業を大きくしていく上では、執着心と見切りの潔さの絶妙なバランスが大事**になってきます。

このあたりのさじ加減は本当に難しくて、判断基準をつくるのは至難の業です。僕は事業はサイエンスだと思っているけど、もう、この部分に限ってはアートなんじゃないかと思います。

その点、孫さんは執着心と逃げ足の速さが奇跡的なバランスで両立しています。ギリギリまでこだわって、でもダメだと判断したら、すぱっと諦める。

逃げる判断をする前日の夜まではめちゃめちゃしつこいんですよ。でも次の日の朝にいきなり「逃げろ」というケースもある。その直後に「お前、まだその事業に執着しているのか？」なんて真顔で言ってくることもありました(笑)。

そのあたりが本当に職人技というか、横で見ていてとても勉強になりましたね。本当に天才的なんだよなあ。あの見切り力は見事ですよ。

第6講のおさらい

○世の中のアイデアは大抵、誰かが既に思いついている。その中で成功するのは徹底的に執着してやり抜ける人。
○執着心は持って生まれた才能ではない。後から鍛えて身につけることもできる。
○ただし、執着し続けることがいつも正しいわけではない。撤退する逃げ足の速さも必要。

COLUMN

「まねから始めて異常値を見つける」

monopo共同創業者
佐々木芳幸、岡田隼
Yoshiyuki Sasaki, Shun Okada

岡田　起業当初に小澤さんに言われたのは、「徹底的にいいサービスを参考にしてみたら？」ということでした。このサービスとあのサービスを調査して、まずはまねっこをつくってみる。「まだ何も経験がないんだから、最初からオリジナリティを出す必要はないよ」と繰り返しアドバイスされたことを覚えています。

そうは言っても時々、独自性を出したくなります。だけど少しでも自分で考えたアイデアを持っていったら、やんわりと否定されるんです。「君たちが考えたアイデアなんて、とっくの昔に誰かが思いついている」と（笑）。

最初は、変に自分らしさを出さなくていい。「一生懸命つくる」「余計なことは考えない」「言われたことは素直にやってみる」という3つを徹底してやりなさい、と繰り返し言われました。

経営者になってその意図に腹落ち

佐々木　小澤さんはとても厳しい人でしたが、その指導方法はめちゃくちゃ今の経営に生きています。

一つは人の潜在能力を覚醒させる方法です。monopoはグループ会社が6つあるのですが、いずれの会社のトップも、自分の意思で手を挙げた人を据えています。もともとは社長志望ではない人も多くて、仕事をしていく過程でリーダーとしての能力を高めていきました。

この能力を解放する方法は、小澤さんに教えてもらったものです。コツはずばり、任せること。事業やマネジメントについて必ずしも熟知していなくても、本人に何か一つ光る武器や才能がある人は、マネージャーに抜擢します。そしてざっくり、「これとこれを頑張って。続ければ何とかなるから」と伝えて、自由にやらせてみます。

求められない限りアドバイスすることはありません。そして、うまく引っ張っていけたら、今度は社長に任命します。いわゆる、エンパワーメントですね。

すると、リーダーとして頑張るという覚悟を持った人が育ってくるんです。そして、その人に魅了されたクライアントが付いたりして、想像をはるかに越えた伸び方をすることがあります。

実際、面接したときはまだ20歳で、敬語もままならなかったような学生が、今ではパリ支社のトップをやっています。素直でやる気があって一生懸命頑張れば、monopoでは社長を任せてくれる。そういう成功例をつくれたという自覚はあります。

岡田 小澤さんがくれたアドバイスは、言葉にすると「まあ、それは確かにそうですね」という内容のものも結構あります。当たり前のことなんですね。頑張ってハードワークするだとか、嘘はつかないだとか。

でも、当たり前のことって実践し続けるのは意外と難しい。だからこそ原理原則に忠実であることが事業を成功させる上で大事なんだと今は感じています。当たり前のことを真面目にちゃんとやる。僕と佐々木は基本が何もできていなかったので、最初はあえてそう言ってくれたんだと思います。

異常値を発見しろ

佐々木 当たり前のことをやっていくということで覚えているのは、小澤さんはいつも「異常値を発見しろ」と言っていたことです。

例えば内科のクリニックをつくるなら、その事業内容を要素分解して、どの部分を異常にすれば事業として違いが出せるのか。ビジネス要素における異常性を見つけることにすごくこだわっていた気がします。

僕はこの考え方にかなり影響を受けていて、今も相当意識しています。例えば僕らの事業領域には制作会社や広告クリエーティブエージェンシーがいくつもあります。その中で、オリジナリティがあってユニークな存在として事業を伸ばす会社になるには、やっぱり異常性が大事になります。

2016年に始めた「poweredby.tokyo」というプロジェクトはその一例で、当時は少なかった東京の外国人のライフスタイルをクリエーターがつくるというコンセプトを企画しました。日本在住の外国人と制作したことをきっかけに、「東京が好きな外国人クリエーターを異常なほど集めれば、何か起きるのではないか」と考えて生んだプロジェクトでした。結果的にエージェンシーとしての違いを打ち出すことに成功して、monopoを象徴するプラットフォームに成長しました。

100個の売りがあったら、そのうち1つだけに絞り込んで、そこを異常にしていく。今でも、僕らはどこを異常にするかを常に考えて、事業を続けています。

佐々木芳幸《ささきよしゆき》 氏

monopo共同創業者兼CEO。北海道函館市出身。早稲田大学在学中にベーシストとして活動し、2011年に岡田隼氏と共にmonopoを設立。

岡田隼《おかだしゅん》 氏

monopo共同創業者兼 COO/CTO。2011年に佐々木芳幸氏と共にmonopoを設立し、営業、クリエーティブ、バックオフィスなどの多岐にわたる業務を担当している。

monopo

2011年に設立したクリエーティブエージェンシー。東京、ロンドン、ニューヨーク、パリに拠点を構える。「ビジネスに寄り添うクリエイティブパートナー」としてアウトプットの種類にこだわらず、ビジネス戦略・ブランディングから各種デザイン・広告実施に至るまで幅広いビジネス支援を手掛けている。ブランドのグローバル展開支援やローカライズを得意とし、主なクライアントはナイキ、ユニクロ(ファーストリテイリング)、アマゾン・ドット・コム、ヤマハなど。16カ国以上のバックグラウンドを持つ社員を擁し、また世界中から集まる1000人以上のクリエーターネットワークを活用。国境を越えてブランドの価値を届けている。

第7講

組織の動かし方

ワンフレーズが意識を変える

PayPay躍進の原動力

Q

組織に戦略をどう浸透させていきますか。

A

分かりやすく
表現する。

解説

組織全体に戦略を
浸透させるには、
まず分かりやすく表現すること。
目指す方向を
明快なフレーズに落とし込んで、
なぜそれをやるのかを
腹に落とします。
ただし「利益○億円」といった
数字だけを掲げるのは避けよう。
誰も数字のために
働くわけじゃないから。

ゼロから事業を立ち上げる起業家と、大きな組織を率いる企業のマネージャーでは、求められるスキルがやや異なる。起業家は限られたリソースの中で試行錯誤しながらアイデアを形にすることが要求される一方、マネージャーは組織コミュニケーションを潤滑にして戦略の共有に努める必要がある。

ただ、両者に共通して必要なスキルもあると小澤さんは言う。それが「言葉を紡ぎ出す力」だ。端的で分かりやすいフレーズで戦略を表現し、組織全体に浸透させることはリーダーに欠かせない能力である。起業家、そして大組織の経営者としての経験を併せ持つ極めてユニークな小澤さんならではの視点から、組織の動かし方を探っていく。

――小澤さんは、起業家として事業をゼロから立ち上げてきただけでなく、ヤフー（現LINEヤフー）という日本有数のネット企業のトップとしてマネジメントも経験しました。両者に求められるスキルは違いますか。

小澤　起業しても会社が成長すれば組織を束ねていくことになりますから、いずれにしてもマネジメントが重要なことに違いはないんです。でもまあ要求されるスキルが違うといえば違うかもしれませんね。

事業の立ち上げって、当然ながら一人でできるわけじゃないですよね。戦略と戦術が正しかったとしても、それを実行して世の中にインパクトを与えていくには、それなりに大きな組織を動かしていく必要があります。

ただ組織が大きいと色々難しいんですよ。全員に戦略を理解してもらって、同じ方向を向いて動いてもらうのって、簡単じゃないんですよね。「走る方向はあっちだ」と言っても、捉え方が違っていたりして、みんながその方向に向かって走り出してくれるわけではないんです。

よく「3の法則」と言われたりしますけど、3、30、300、3000と、関わる人が増えるほどマネジメントの難度は上がっていきます。特に社員が数千、数万の規模になってくると、戦略をどう浸透させていくかは本当に工夫しないといけません。

――組織が大きくなると、社員の当事者意識が希薄になっていくのでしょうか。

小澤　それもありますよね。スタートアップのように常に追いつけ、追い越せという感覚は薄くなるので、闘争心がだんだんと弱まってしまうのは間違いないでしょう。まあ、仕方がないことではあるんです。

もちろん、強い創業オーナーが健在なら別ですよ。ソフトバンクや楽天のように「まだまだいける！」と社員を叱咤激励する人が、常に先頭で旗を振っていれば士気も維持できると思います。でも創業者もいつかは引退します。永続的に君臨し続ける企業なんてあり得ないわけです。だから創業者のカリスマに依存しすぎるのもリスクで、いつかは競争力が弱まってしまいます。

では、カリスマが去ってしまった組織は衰退していくしかないのか。そんなことは全然なくて、僕はちゃんと防ぐ方法があると思っています。それが、これまでに何度も話してきた、事業づくりを仕組みとして捉えることです。**社員全員で勝ち方のフレームワークを共有して、誰がやっても同じように勝てるようにしていく。**成功を再現できるものにしていくわけです。

判断基準をシンプルな言葉に落とし込む

——勝ちパターンを組織の中で共有していくわけですね。

小澤　そうですね。ここで言う仕組みは、これまでに説明してきた正しい打ち出し角度でありセンターピンを見極める手順にほかなりません。これを全員に理解してもらうわけです。

共有の第一歩は、意思決定の基準を明確にすることです。判断に迷ったとき、誰もが同じ意思決定ができるように基準をすり合わせておきます。これによって**意思決定の主体をオーナーから現場の社員に移していきます。**

実際に現場で見ていましたが、孫（正義・ソフトバンクグループ会長兼社長）さんや三木谷（浩史・楽天グループ会長兼社長）さんのようなカリスマリーダーは、天性の才能と感覚でどんどん物事を決めていきます。スピード感のある一方で、普通の人からしたら、なんでそういった決定をしたのか分からないときがあるわけです。一部の判断基準がブラックボックスになってしまうため、時々オーナーがいないと決められないといった事態が起こってしまうんですね。

――天才は直感的に決めてしまうからですね。

小澤　それが天才のすごさなんですけど、だからこそ、凡人である僕たちはちゃんと意思決定のプロセスを可視化しておく必要があります。「こういうときには、こういう基準があるから、こう決めよう」といった具合に、判断基準を分かりやすい言葉にして、現場の社員でも判断できるようにします。

一例を挙げましょう。ヤフー時代、僕らは「いいサービス」の要件を6つにまとめて共有していました。

1 正しいマーケット設定
2 基本機能が提供されていること
3 最高のＵＩ、ＵＸで提供されている
4 驚きと感動がある
5 結果としてのインパクト

6 ビジネスモデルとグループ貢献があること

会社として、いいサービスを開発するのは当たり前なんだけど、そもそも「いい」の定義は何か。人によって解釈にブレがあると会議で社員同士が衝突したり、全然違う方向に開発が進んでしまったりするんです。

絶対的なカリスマリーダーなら、「これはいい」「これは悪い」とバシバシ判断していくんでしょうけど、そうじゃない場合はみんなで共有できる統一の基準が必要になります。国でいえば憲法のようなものですよ。こうやって言語化しておくと、いざサービスを開発するときに、概念や感覚ではなく、要件定義をしっかりと社員に理解してもらえます。

誰が聞いても納得するか

――言葉にして説明できることが大切なんですね。

小澤　できるだけ端的で分かりやすい表現がいいですね。Yahoo!ショッピングの「商品・価格・物流でナンバーワンになる」も一つの基準です。この3つで日本一になればライバルにもきっと勝てると言えば、誰が聞いても理解できるじゃないですか。

なぜ短くて分かりやすい言葉がいいかと言うと、組織が大きくなると、毎回、自分が意思決定の場にいられなくなってくるからなんです。そんなときに判断基準の説明が長いと、誰も覚えられません。でも、例えば「6つの要件を見比べて」と指示すれば、みんなでサービスの内容を議論して、その場で担当者が善しあしを判断できるようになるじゃないですか。

――端的で分かりやすいことがポイントである、と。

小澤　はい。さらに個々の社員が判断基準を理解するようになると、自分で考えるクセがついてきます。算数に例えるなら、方程式を暗記するイメージです。最初は先生に教えてもらった問題でも、方程式を覚えると、自分で答えを出せるようになっていきますよね。

使う公式は同じだから、僕であろうとほかの社員であろうと大体同じ答えが出るようになっていきます。これなら、答えを出すのに特別な能力はいりません。

そのためにも、意思決定の基準は公式のようにできるだけ分かりやすい言葉にすることが大切です。誰が聞いてもすぐに覚えられて、納得感があると浸透は早いです。会議中に「それは正しいマーケット設定なのか」「UIは最高なのか」といった議論が社員の中で自然に生まれるようになれば、これはいい兆候ですね。

――みんながだんだんと当事者意識を持つようになっていくわけですね。

小澤　これまで話してきた打ち出し角度とセンターピンを、みんなで共有していくイメージです。属人性を排除して、誰がやっても同じ意思決定ができるような基準を浸透させて、カリスマがいなくても競争力のある組織を維持していこうというわけです。

さらに、**みんなが自分で決めるという感覚を理解すると、おもしろいことが起こるんです。個々の社員に自信がついて、組織が活性化するんですよ。**

「そうか、こう決めればいいのか」と一度でも経験した社員は、私にもできると意思決定に自信を持つようになります。そうやってみんなが「自分は天才じゃないかもしれないけど、頑張れば何とかなる」と変わってくると、組織力が飛躍的にアップしていくんです。本当にもう、びっくりするくらい変わります。僕はこれが本当の能力開発じゃないかと思っています。

言葉の力でまとめたPayPay

――おもしろいですね。その意味で、仕組みをつくって大組織をまとめ、社会に大きな影響を与えたのが、電子決済の「PayPay」です。

PayPay（ペイペイ）▼
ソフトバンクとヤフー（当時）が2018年に設立した同名の合弁企業が開始したスマートフォン向け電子決済サービス。利用者は専用アプリをインストールし、銀行口座やクレジットカード情報を登録することで、加盟店舗などでの会計時にQRコードの読み取りなどによってキャッシュレスで決済できる。資産運用や給与の支払いなど、様々なサービスに対応する。2024年8月に登録ユーザーが6500万を突破し、国内のコード決済におけるシェアは約3分の2を占める。現在はLINEヤフーの子会社となっている。

小澤　PayPayの立ち上げで設定したゴールは本当にシンプルで「現金をなくす」というものでした。

――文字通りですね。

小澤　僕らがこのサービスを手掛ける発端になったのは、2016年ごろに上海に視察旅行に行ったときのことでした。当時、「中国では既にQRコード決済がすごい勢いで広がっている」とソフトバンクの孫さんから聞いていて、実際にどんなものなんだろうと、ヤフーの幹部と視察に行きました。

飛行機の中で、「滞在中、一度も現金を使わないで過ごせるかな」なんて話していたら、冗談じゃなくて、本当に実現できちゃったんですよ。お釣りのやりとりでもたつくこともないし、財布を忘れる不安もない。おまけにアプリで色々な特典が付いてきました。現金を持ち歩かないってこんなに最高だったのか、とキャッシュレスのすばらしさを強烈に実感しました。そしてこれは絶対に日本でも広がると確信しました。

――そこから、日本での事業展開を検討していくわけですね。

小澤　はい。ただし、僕らが勝てるかはまだ分かりません。当時、既に競合他社が日本でもQRコード決済を提供していましたが、市場は黎明期というタイミングでした。

ヤフー社内でさえQRコード決済と聞いてピンとくる人は多くありませんでした。まあ、当然ですよね。当時の日本では、まだ誰も「現金のない世界」を体験したことがなかったですから。高速道路でETC（電子料金収受システム）がないときに、海外でETCを体験したようなものですよ。猛烈に便利だけど、それが存在しない日本で、ETCはすばらしいといくら訴えてもピンときませんよね。

よく覚えているのは、あるシンクタンクが日本でQRコード決済の利用調査をして、「使わない」という回答が9割だと発表したことです。そりゃそうですよ、誰も使ったことがないんだから（笑）。

だけど、僕らは中国でQRコード決済を実際に体験して、そのすばらしさを強烈に知ってしまっているわけです。どうすれば、あの衝撃を日本のユーザーにも伝えられるか。ここから、僕らの新事業立ち上げの議論が始まりました。

5回使えば良さが分かる

――まずは「打ち出し角度」をどうするかの議論ですね。

小澤　いまだにサービスを使ったことのない人に、そのすばらしさを知ってもらうにはどうすればいいと思います？　僕らが出した結論はズバリ、**「決済サービスを何回か使ってもらう」**でした。5回か10回かは厳密には忘れましたけど、1度や2度ではなく、複数回使ってもらえば絶対にその便利さが分かるはずだ、という仮説を立てました。自分たちもそれを体験して肌で分かっているので、これで行こうとすぐに決まりました。これが、PayPayの打ち出し角度です。

――どうすれば何回も使ってもらえるようになるのですか。

小澤　当時、孫さんも含めたPayPayの立ち上げチームが考えていた方法は2つありました。

一つはポイントを付けて、どこよりも還元率を高くしてお得にすること。ポイント運営については、既にYahoo!ショッピングで培ったノウハウがありましたから、これをフル活用しようという考えです。QR決済を使うと現金払いよりもお得になるということを、ユーザーに強力に訴求しようと決めました。

現金決済以外にも、クレジットカード決済などのライバルがいます。そこで、どの決済サービスよりもお得だということを分かりやすく理解してもらうために、還元率を景品表示法上限の20％に設定しました。

――現金で100円の買い物が、PayPayなら実質80円になると。

小澤　はい。もう一つは、使える場所をどこよりも多くすることでした。せっかくお得な決済手段でも、使える場所が少なかったら魅力も限定的です。

そこで、コンビニやスーパーなどに徹底的に営業して、使える場所を1年で一気に100万カ所まで広げる計画をぶち上げました。1カ月で8万カ所以上増やしていくわけですから、今振り返っても、相当に野心的な目標です(笑)。でも、やると決めたらやるということで、営業部員を急遽3000人採用して、実際に実現してしまったんですね。

――すさまじい実行力ですね。ユーザーに何回も使ってもらうために、ポイント還元率と使える

場所をナンバーワンにすることが、ＰａｙＰａｙにおけるセンターピンだったわけですね。

小澤　そうですね。これらに加えて、ＰａｙＰａｙは最初は入金して使ってもらう必要があるので、それをスムーズに進めるために、ユーザーのＹａｈｏｏ！ショッピングのポイントをＰａｙＰａｙに変更しました。その後、ソフトバンクモバイルのポイントにも対応して、使えるきっかけをどんどん増やしていきました。

——貯めてきたポイントが使えて、還元率も高くて、さらには使える場所も多い。そうなれば確かに、みんな使いますね。

小澤　あとはきっかけをつくるだけです。初動で一気に認知してもらうために特大の打ち上げ花火をあげようということで、とんでもない計画を立てました。それが、２０１８年の「１００億円あげちゃ

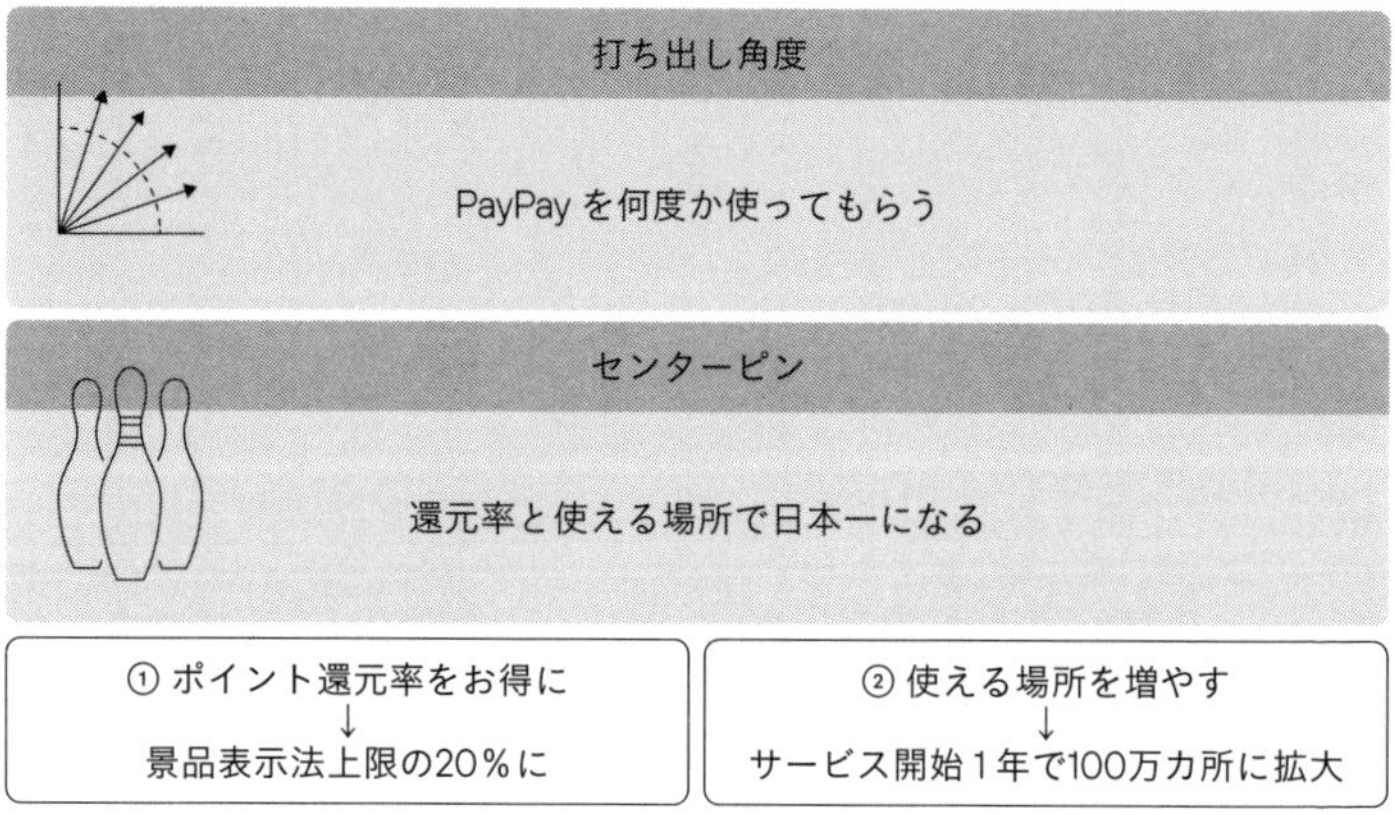

打ち出し角度
PayPayを何度か使ってもらう
センターピン
還元率と使える場所で日本一になる
① ポイント還元率をお得に
↓
景品表示法上限の20％に
② 使える場所を増やす
↓
サービス開始１年で100万カ所に拡大

PayPayの打ち出し角度とセンターピン

うキャンペーン」です。

――文字通り、100億円分のポイントを還元する企画です。当時は相当、話題を呼びました。

小澤 実際、反響はすごかったですよ。僕らの間では最初「原資は2カ月ぐらいは持つかもね」と話していました。なにせ100億円も用意したわけですから。ところがメディアで大きな注目を浴びたこともあって、わずか10日ほどであっという間に使い切ってしまいました。現場では混乱もありましたが、このインパクトあるキャンペーンがPayPayの初動に勢いをつけてくれたことは言うまでもありません。

戦略を組織にどう伝えていくか

――このプロジェクトは、PayPayという決済会社、ヤフー、ソフトバンクという3社の協力で成功したというユニークな事例でもあります。

小澤 複数の組織が協力してうまくサービスを立ち上げられたという点では、おもしろいケースかもしれません。しかし、僕の中では立ち上げ方は同じです。どんな状況でも打ち出し角度とセンターピンの重要性は変わりません。

もちろん、それぞれの組織やチームによって役割分担があるので、戦略の伝え方は工夫します。例えば営業チームには、「できるだけ多くの場所で使えるようにする」という大枠の戦略の説明はしましたが、現場にはそれを実現する戦術に集中してもらいました。具体的には、エリア拡大に注力し、1カ月で3000人の営業部隊を何としても採用してくださいとお願いしました。

その後、戦術の変化に応じて、その都度目標を伝えていました。例えば事業者との提携話を締結していく新しい戦術が決まったら、どこよりも使える場所を増やすという全体戦略に立ち返って、「今度は提携を推進する」と。戦術の変更を、理由とともに順序立てて説明していきました。こうすることで、「営業部隊を増やせ」という指示が急に提携推進に切り替わったという戸惑いを減らせますし、実際はHowが変わっただけで、全体戦略は変わっていないと納得してもらえるようになります。

――戦略がどこに向かっているかを明確に説明することで、現場に混乱が起きないようにしたわけですね。

小澤　これも、当たり前のことだと思われがちですが、組織が大きくなると、上層部と現場で、持っている情報がどうしても乖離してきます。放っておくと、意思疎通がだんだん難しくなるし、現場からすると、何を優先すべきか分からず不満がたまります。それを回避するためにも、最低限の言葉で戦略を伝えてコミュニケーションすることが重要なんですね。

なぜやるかを理解してもらう

小澤　甲子園で例えるなら、まず大きな目標として「甲子園に行こうぜ」と掲げるわけです。だけど甲子園に出場するには、選手が具体的にするべき要素がいくつもあるわけで、その中の一つに「練習で素振りを300回やる」というのが出てくるわけです。これを、いきなり目標も分からないまま、毎日素振りを300回やりなさいと言われると、やっぱり現場は困惑するし、抵抗も出てくると思うんです。

――「なぜ素振りをやるのか」を理解してもらうことが大事なんですね。

小澤　なぜ素振りが甲子園につながっていくのか、現場が腹落ちしないと、いざというときに踏ん張れないですよね。素振りなり、グラウンドの整備なり、すべてが甲子園の出場につながっているんだとみんなに腹落ちしてもらうコミュニケーションが大事です。

ただし、一つだけ気をつけているのは、数字の共有です。特に売上高の目標などのお金にまつわるもの。例えば、「取扱高で10兆円を目指す」といった目標は、僕はできるだけ、社員に対しては掲げません。なぜなら、**数字を達成することに対して社員はモチベーションがないからです。**

――そもそも、自分とは直接関係ないという意味ですね。なぜやるのかが理解できない、と。

小澤　経営陣が達成したい気持ちは理解できます。しかし、その細かいニュアンスは現場には分かりません。だから意味を理解している経営上層部で数字を握るのは賛成です。でも現場に数字の達成を要求する考えには反対です。数字を見せれば見せるほど現場の気持ちが冷めていくし、心が離れていくと思っています。

　どうしても数字を出すなら、文脈に落とし込まないとダメですよね。「俺たちが世の中を変えるんだ。じゃあ、世の中が変わったというとどれぐらい？　10兆円くらいだったら変わったと言える？」みたいな順番で伝えるべきだと思います。

　でも、どうせやるなら**現場の社員には数字ではなく、もっとワクワクする希望を持ってもらいたいじゃないですか。**PayPayだったら「小銭をなくして世の中を変えよう」とか。そっちの方がおもしろくないですか？

1 分かりやすい表現	2 数字より希望	3 具体的な成功事例
なぜやるのかを分かりやすく伝える	ワクワクする希望をモチベーションにする	「自分の力でできた」シーンを増やしていく

現場の社員を巻き込んでいく秘訣

現場からアイデアが出てくる組織にする

――確かに、その方が当事者意識が高まり、社員のモチベーションにもプラスの影響を与えそうですね。

小澤　よく、トップ主導の組織がやってしまいがちなのは、すべて上から指示を落とすことです。「これをやって」とリーダーが全部判断してアサインするわけですね。

こういうトップダウンの組織はスピード感があるんだけど、一方で、指示を出す人の能力に組織力が縛られてしまうという弱点があります。仮に僕が経営者だとして、全部指示を出していたら、僕が思いつかないことは何もできない組織になりかねません。

――チームの力が、リーダーの能力によって規定されてしまうわけですね。

小澤　そのリーダーが天才なら何の問題もないんですよ。でも、残念ながら天才はそんなにいるわけではありません。リーダーの能力に組織の力が縛られてしまうと、長期的にはやっぱり組織力が弱まっていきます。みんながトップに依存してしまい、誰も何も考えなくなる弊害が生まれます。

これを防ぎ、活力のある組織を維持するには、とにかく現場で決めていくことです。そして、成功体験を持った人を一人でも多く増やしていきます。

やっぱり人って、「自分の力でできた」「自分が思っていた通りになった」という成功体験が多いほど自信がつくし、モチベーションも上がっていきます。そういう機会をたくさんつくって、「できた！」という感覚を多くの社員が味わえるようにしていくべきです。だから、リーダーの大切な仕事は日頃から場づくりを意識することであると思いますね。

例えば、僕は社内のコンテストとかによくチームを参加させていて、みんなでどうやったら勝てるかを真剣に議論していきました。そういうところも手を抜かないで、事業と同じように仮説を立てて戦略をつくっていきます。それが当たって勝てるようになると、やっぱりみんなの顔つきが変わってくるんですよ。

仮説を立てて当てるおもしろさ

――仮説を立てて当てるというのは人のモチベーションの源泉なのかもしれませんね。

小澤　よく僕はこれをジグソーパズルに例えて説明します。ジグソーパズルって、要するに細かい仮説の積み重ねなんですよ。「このピースとこのピースが合うかも」と思ってパチンと合ったときの成功の感覚が異常に短時間、高頻度で繰り返されるんです。

単なる成功体験ではなく、「ここところが合うかも」という仮説が正しかったという自分の考えに対する結果でもあるので、喜びが倍増します。決して、誰かに教えられて当てたわけではないから、なおさらうれしいわけですよ。

仕事で、上司に言われた通りやって成功するのもうれしいけど、やっぱり自分で考えた仮説が当たった方が喜びは上です。パズルというのは、それが簡単に体験できるので、僕はいつも徹夜してしまいます。

――仮説も当て続けると自信がつきますね。

小澤　そうなんですよ。よく、人は志がないと行動しないと言うけど、実は志がなくたって頑張る理由はいくらでもあると思います。僕にとってはそれが仮説を当てる喜びを知ることだし、実際に仕事やプロジェクトは常に、仮説を当てることがモチベーションになってきました。それを知っているからこそ、みんなにも仮説を立てて当てる喜びを知ってほしいと思っていましたね。

成功を知った人は何度でもできる

――一度おもしろさを知った人は、またやりたくなるということですね。

小澤　そうなんですよ。僕はこれを逆上がりに例えています。おもしろいもので、逆上がりって1回できるとコツがつかめて、その後は大体できるんです。要するに最初の成功体験が大事なんですよ。そして一度でも成功体験があれば、誰でも2回目以降からできるようになります。決して大車輪のような大技とは違います。大車輪はまあ、やりたいとも思わないけど、仮に教わったとしてもすぐに何回もできるようになるわけでもありません。

これはそんな難しいことじゃなくて、最初は別に誰かのまねで構わないんですよ。実際に自分で仮説を立てて、手を動かして、サービスとして実装する。それがうまくいったという体験を一度でもすると、逆上がりに成功した状態になるんです。

――PayPayの成功もまさに最初の逆上がりだった人が多いわけですね。

小澤　そうですね。当時、ヤフーは長くイノベーションを起こしていないと社員が自分たちで言っていたわけです。アンケートを取ると自分の会社なのに、「ヤフーは」と第三者的に語っている人も多かったんですよ。

でも、僕はやれるよと思っていたし、「そんなこと言わないでやろうよ」と言い続けていました。だからPayPayというプロジェクトは、ヤフーの社員がみんなで力を合わせて成功させた逆上がりの好例だと思っています。

そして関わった人の多くは自信がついたと思います。できる！簡単だ！と興奮しておもしろがれるようになって、次につながっていくと思います。それが継続的に新しいことに取り組む機運につながればと期待しています。

――新しいことに挑戦するワクワク感は起業家と同じ心理かもしれないですね。

小澤　そうですよ。時々、会社員とスタートアップの起業家をまるで違う人種みたいに語る人がいるけど、僕は本質は同じだと思っています。成功体験があれば誰だって変われるんですよ。繰り返しになりますが、だからこそ、リーダーは「逆上がりができる場」をつくることが重要なんだと思います。もちろん全部の組織ができるわけではないですよ。でも現場から組織を活性化していきたいなら、リーダーは絶えず挑戦できる場をつくる意識を持つことが大切ですね。

最高と思える体験を増やしたい

――自分たちが手掛けたサービスが世の中に影響を与えたら、やっぱりうれしいし、自信にもなりますよね。

小澤　きっと、PayPayの立ち上げに携わって「世の中を変えた！」という実感を持った人は、それがずっとモチベーションになっていくと思うんです。それは単に関わったことが誇らしいのではなくて、コンビニで目の前の人がＰａｙＰａｙを使っているのを見ることがうれしいんだと思うんですよね。

僕も仙台に行って、デザインに関わった楽天イーグルスの帽子をかぶっている少年がいたり、作詞作曲をプロデュースした応援歌を歌っているファンを見ると、いまだにやっぱり顔がニヤけます。「ああ、自分が手掛けたものがみなさんに喜ばれている」って感動しますよ。

――それは、最高ですね。

小澤　これがあるから、僕は仕事をやめられないというのもあります。そして一度、このおもしろさを味わうと、もっとインパクトのあることをやりたいって絶対になるんです。心からワクワクして、「もっとやりたい、もっとやりたい！」という気持ちになる。

人に感謝されたり褒められたりすることが嫌いな人はいませんよね。その意味で、これも根源的な承認欲求なんですよね、きっと。世の中には有名なサービスを指して、「あれは僕がやったんだ」と言う人がたくさんいるじゃないですか。実際、楽天イーグルスは私がつくったっていう人はいっぱいいて、僕は大いに結構だと思っています。

多くの人が「ＰａｙＰａｙは僕がつくった／私が携わった」と言って次の挑戦をしてくれたら、これほど最高なことはありません。成功体験を持つ人が増えるほど、世の中に新しい価値が生まれる可能性も高まるからね。そんなサービスを、これからもどんどん増やしていきたいですよ。

第7講のおさらい

○ カリスマリーダーのいない組織が勝ち続けるには、仕組みづくりが不可欠。普通の人でも勝てるフレームワークをみんなで共有して、再現性を高めていく。

○ そこで大切になるのは、全員が共通の基準で意思決定する感覚を身につけること。そのためにも伝えるメッセージや使うフレーズが重要。

○ 共通の意思決定基準で勝てるようになると、個々の社員に自信がつく。一度成功体験を得ると、どんどん成長していく。

COLUMN

「率先垂範、やり切る力に脱帽」

アソビュー代表
山野智久
Tomohisa Yamano

小澤さんの事業開発の思考は明快で、①顧客起点でペインポイントを発見し、②その課題を解決するソリューションを事業として打ち立てる——に尽きると思います。

起業して間もないころに一度、小澤さんの支援する起業家仲間のイベントに呼んでもらったことがあります。そこで始まったのが「電話帳ナイト」です。

タウンページをめくって、ランダムに選んだ商売にインターネットを掛け合わせたらどんな事業ができるか。それを参加者が順に発表していくんです。

当時はゲーム感覚で参加していたけど、今振り返ってこのブレストが有意義だったと思うのは、顧客起点の大切さを相当に鍛えられたからです。電話帳にある商売、もとい世の中で求められるサービスはすべてユーザーに何らかの便益を提供しなければならない、と再認識しました。反対に、便益を提供できない商売は淘汰されていくし、価値が下がればやがて事業は縮小せざるを得ません。

アソビューは、オンラインでレジャー予約プラットフォーム事業を展開していますが、顧客起点の考え方は僕たちの事業開発でもずっと大事にしています。

僕らの出発点は「旅行先で何をすればいいか分からない」というペインポイントを解決することにありました。そこを起点に顧客の声を集めていくと、実は、多くは旅行に行くことすら決めていない人も多くいることが分かりました。最終的に、「おもしろいことを探したい」という人たちの課題を解決するプロダクトを開発するところにたどり着きました。

顧客起点は当たり前の考え方だし、誰もがそれに異論を唱える人はいないと思います。ただ事業をやっていると、当事者はつい見失いがちになるんです。でも小澤さんと会話をすると、常にこの顧客起点の大切さを再認識させてくれます。

率先垂範を徹底

僕は小澤さんの下で直接働いたことはありません。ただこれまでの会話や交流を通じて感じるのは、小澤さんは、誰よりも先頭に立って行動する人だということです。組織の規模がどんなに大きくなろうが課題の先端まで降りていって、具体的な課題解決の指示を出していくタイプなんだと感じます。

きっと「自分ができなくてメンバーにやらせてるんじゃねえ」という心境なんでしょうね。「課題解決の手法まで考えて部下を導けないなら経営者にあらず」を実践する人ではないでしょうか。自ら率先して動くことを本当に大切にしています。

僕自身も小澤さんに近くて、率先垂範が大事だと常々思っています。そうすることで当事者意識を常に持っていられるからです。

よく、組織が大きくなってマネジメントと現場が乖離すると、意図せず顧客不在の意思決定をしたり、効果的ではない決断が下されたりします。結果的に失敗が増えて、事業のリスクが高まっていきます。

だから、経営者自身ができる限り課題の各論に目配りして、それを伸ばすところまで見届けた方がいいと僕は思っています。その方が、結果的に成功の再現性が高くなります。

「やり切る力」の半端なさ

小澤さんのスタイルが支持されているのは、何よりも本人のやり切る力が半端ないからだとも思います。小澤さんの仕事ぶりを見るたびに「ああ、ここまでやり切らなきゃいけないんだ。やり切るってそこまでやることなんだ」と再認識させられます。目線を上げてくれるんですね。

「やり切る」って言うは易しですけど、そこまでやって初めてやり切ると言うのかと思わされることが多いです。調べ抜くこともそうだし、お客様のことを考え切ることもそう。数字を分析し切る、追い込まれたら徹夜でやり切るなど、小澤さんのエンジンの馬力を見ると、自分はまだまだ足りないと刺激を常に与えてくれます。

あと、小澤さんはとてもまっすぐな人だと思います。覚えているのは、「人として正しい行動をしなさい」と繰り返していたことです。嘘をつかない、素直であれと、姿勢にこだわる人です。経営者として経験を積んだ今、自分も小澤さんがそう繰り返していた理由が分かります。正しい行動と規律がすべての成功の原点だからです。

山野智久《やまのともひさ》 氏

アソビュー代表執行役CEO。2011年にアソビュー創業。レジャー×DXをテーマに、遊びの予約サイト「アソビュー!」、観光・レジャー・文化施設向けの「ウラカタシリーズ」などを展開する。経済同友会観光戦略委員会委員長、一般社団法人日本車いすラグビー連盟理事長も務める。

アソビュー

遊びの予約サイト「アソビュー!」、体験ギフトの「アソビュー!ギフト」を中心に、観光・レジャー・文化施設向けのデジタル化事業を展開する。「生きるに、遊びを」がミッション。

第 8 講

リスク管理の要諦

決められない状態をつくらない

資本政策には要注意

Q 危機管理のポイントは？

A 誰かが意思決定できる状態にしておく。

解説

トラブル自体は避けられない。
だからこそ、
どんなときでも誰かが
意思決定できる
状態にしておくこと。
間違った判断でも、
決めることさえできれば
物事を前に進められる。
常に、決められない状態を
回避することを心がけよう。

会社の規模を問わず、組織を率いるリーダーにとってリスク管理は事業を展開する上で不可欠なスキルである。しかし、どんなに準備を整えても危機を完全に避けることはできない。

では、リーダーはリスクに対してどう向き合えばいいのか。小澤さんは危機管理の秘訣を「意思決定ができない状態をつくらないこと」だと言う。どんな判断であれ、決断を下すことで物事を前に進められれば、それが危機を収束させる第一歩となる。そのためにも平時から権限委譲の体制について確認しておく。即時の意思決定の体制こそが、危機管理の要になる。

――小澤さんにとって、これまでで一番のピンチはいつでしたか。

小澤　正直、事業を続けている以上、トラブルは避けられないんです。ある程度の事業規模になると、トラブルやピンチってそれこそ毎日のように起こります。楽天イーグルスのときは本当にすごかったですよ。感覚的にはもう、日常的に何か起きていました（笑）。

例えばあるとき、ファンクラブのチケット優先購入特典を巡ってこんなことがありました。会員は一般の人よりも1週間早くチケットが購入できる特典で、確か3万人ほどが対象だったと思います。

本当に信じられないことが起きる

小澤　先行販売でチケットを買うには暗証番号が必要で、希望した会員にはハガキで暗証番号を郵送することになっていました。販売開始日までにはハガキが自宅に届いて、みなさんコンビニなどでチケットを買えるように手はずを整えたんだけど、販売開始の前日の夕方ごろから「ハガキが届いてない」という連絡が入りだしたんです。

最初はちょっとした行き違いかなと思って様子を見ていたら、問い合わせがみるみる増えていきました。やがて数千人規模になり、大騒ぎになっちゃった。慌てて郵便局に連絡すると、なんとほぼすべてのハガキが郵便局に留め置かれていたことが分かりました。

——それはまずいですね。

小澤　全員真っ青ですよ。「どうなってんだ?」と郵便局を問い詰めたいところだけど、それより何より殺到する問い合わせに対応しないといけない。対応を協議する時間なんてないから僕がすぐに指示を出していきました。

まずは、チケットの販売開始日を1週間後ろに延ばすことをその場で決めました。そして懇意の新聞記者を呼んで、事情を説明して記事を書いてもらいました。一方で、郵便局の担当者を呼び出して一筆書いてもらって、責任の所在を明らかにしました。同時並行で関係者に対するおわび文を作成して、上司に報告する文書を準備する……といったことを次々と決めていったんです。

ファンのみなさんは怒り心頭で本当に申し訳なかったんですけど、起こってしまった以上どうしようもできません。現場はとにかく混乱していて、なんとか事態を収拾させないといけない。「上司の指示を待とう」なんてやっていたら地獄でしたよ。このときは本当に、現場責任者が意思決定する重要性を痛感しました。

現場に意思決定を委ねる重要性

――緊急事態の意思決定体制がいかに大切かということですね。

小澤　本当にそうです。別の例では、スタジアムで対戦相手の座席のチケットが二重発券されていたこともありました。巨人戦だったと思いますが、巨人側の席が300席ほど二重で発券されていて、同じ座席のチケットを持っている人が何十人と大騒ぎしていました。これも会議なんてしている暇はありません。すぐに「パイプ椅子をできる限り持ってこい!」と叫んで通路にばっと並べて、応急の観客席をつくって対応しました。

もっとすごかったのは、球場の工事の不備が開幕直前に発覚したことです。スタジアムの改修は期限ギリギリのスケジュールで、開幕1週間前の引き渡しだったんです。その後、審判団が実際に正式な審判位置について状態を細かくチェックする手順になっていたんですが、そこでとんでもないことが起こりました。

当時のエース、岩隈久志投手がマウンドからボールを投げた後、審判が「バックスクリーンに岩隈の手が収まらない」と言うんです。バックスクリーンとは、バッターが投手のボールを視認できるように、背後を一定間隔で囲む枠なのですが、実際に岩隈投手が投げたら、手がはみ出てしまったと。これでは意味がないということで、その場で「バックスクリーンの左右にある座席をつぶして、2メートルずつぐらい伸ばしてほしい」と指示されました。

ところが、その席は既に10席ずつぐらい販売済みだったんですね。しかも年間シートとして販売していたので、お客さんがいつ来場するかは分からない。「おいおい、早く言ってくれよ」という心境だけど、それをぐっとこらえて開幕から1カ月、席の近くでスタッフに張り付いてもらいました。そして来場した観客に事情を説明して席を振り替えたんです。今では笑い話ですけど、当時は本当に冷や汗ものでしたよ。

――本当にトラブルが毎日のように起きていたんですね。

小澤　何と言えばいいんだろう。本当に想像もつかないんですよ。危機管理マニュアルを用意しても絶対に想定できないじゃないですか、バックスクリーンの幅が足りないなんて（笑）。だから僕は、楽天イーグルス時代に危機管理能力がずいぶん鍛えられたと思っています。

危機時のリーダーはとにかく決めること

――小澤さんにとって危機管理の本質とは何ですか。

小澤　結局、こういうトラブルを通して学んだことはただ一つ。**トラブルが起きたら、大事な意思決定は現場の責任者が判断できる状態にしておくこと**に尽きます。

相談不要、即時対応でとにかく決める。二重発券で「席がない」と怒り心頭のお客さんが横にいるのに、会議なんかしていられないわけです。

だから当時は、危機のときには何かあったら俺のところへ持ってこいと言っていました。僕がその場で決めて、その後に責任を持って球団社長の島田（亨・現投資家）さんやオーナーの三木谷（浩史・楽天グループ会長兼社長）さんに報告する。この手順は2人にも了解してもらっていました。

――ただ、組織が大きくなって階層が生まれてくると、毎回トップに報告することも難しくなってきます。

小澤　そうなんですよ。僕のところへ報告するだけで時間がかかっちゃうから、うまく権限委譲をしないといけない。だから、はるかに組織が大きかったヤフー（現ＬＩＮＥヤフー）のときは、誰がどこまで意思決定できるかを細かく決めていました。担当者と協議して、常にある程度、権限を持たせておきました。本当に緊急のときは「その場で自分が正しいと思うことをしなさい」と伝えていました。

とにかく、緊急度が高いときほど現場責任者が決めていった方がいいです。

情報共有を徹底する

――その意味でも、情報共有は大切ですね。

小澤　そうですね。組織が大きかろうが小さかろうが、情報は常に多くの人と共有していた方がトラブルの被害拡大は防げます。

仮に何か起きても、情報共有がスムーズだと深刻な事態に陥ることを防げる可能性が高い。だから僕は、とにかく誰が誰に報告するかという動線の整備を徹底していました。

可能なら、担当者ごとにどこまで決められるかという権限の範囲も定めておくといいでしょう。そして上司に報告する際は、深刻度も併せて説明します。そのトラブルが売り上げにどれくらい影響があるのかとか、メディアに大きく報道される可能性はあるのかとか。例えば、影響の大きさを3段階に分けて、深刻度の高い場合は役員が出ていって対応するなどということを事前に決めておきます。

——トラブル対応はリーダーの最も重要な仕事の一つですね。

小澤　そうです。この緊急度を見誤ると、あとで大事故につながりかねないんですよ。緊急性が高いのに放置してしまったりして。トラブルは一般に、時間が経てば経つほど深刻になることが多い。だからこそ初動がとても大事なんです。

トラブルの当事者からすると、上司に報告するのは腰が引けるんです。悪い情報を上げるのは誰でも嫌だから、どうしても隠したくなる。だから、現場とは常に信頼関係を構築しておくことが大切です。報告することの重要性は、楽天時代の三木谷さんに叩き込まれたな。三木谷さんからは「何時でもいいから電話しろ」と言われていて、深夜に携帯を鳴らしたこともありましたよ。

意思決定ができない状態をつくらない

——ピンチに陥ったときの対応は、トップが決める以外にもできることはありますか。

小澤　もちろん、ありますよ。むしろ、危機は備えておけば事前に防げるものも少なくありません。そのためにはピンチの本質を理解することが大事です。

僕の経験から言うと、**危機が起きるのは往々にして意思決定ができない状態に陥ったとき**なんですよ。つまり決めるべき人が何も決めないか、決められない状態に陥っているときです。これにはいくつかパターンがあります。

——意思決定ができない状態、ですか。

小澤　一つは、責任者が何も決めないケースです。要するにリーダーシップの欠如ですね。これはもうリーダーとして本当にアウトなんだけど、色々な理由をつけて責任者が決定を先延ばしにする行為は組織でしばしば起こります。本来ならリーダーが決めないといけないのに、だらだらと先送りしてしまう。だから、**決められないリーダーが管理しているプロジェクトは、それだけでリスクの高い状態**だと思ってください。

そうしたリーダーは即刻交代してもらうのが理想ですが、現実にはそうならない場合も多い。そんな場合は、組織の中で決める権限のある人とのつながりを常につくっておくことが大切になってきます。

——確かに、大きなプロジェクトで決められない人がリーダーになると、悲惨な状況になりそうです。

小澤　楽天イーグルス時代は、僕はトラブル対応以外にも、事業サイドの司令塔としてすべての意思決定を差配していました。もちろん、1から10まですべて僕が決めていたということもないんだけど、時間のない中で現場にとって一番きついのは、会議を延々やって何も決まらないパターンなんです。

　意思決定が持ち越しになったときの徒労感って半端なくて、現場には「間に合わないよ、どうするんだよ」という焦燥感ばかり募っていきます。ミスは増えるし、モチベーションも大きく下がるので、そういう状態は絶対につくるべきではありません。

　だから、当時は普段から、迷ったら何でも俺に持ってこいと繰り返していました。何か決まらないことがあるんだったら全部俺が決めるよ、と言って実際に決めていました。

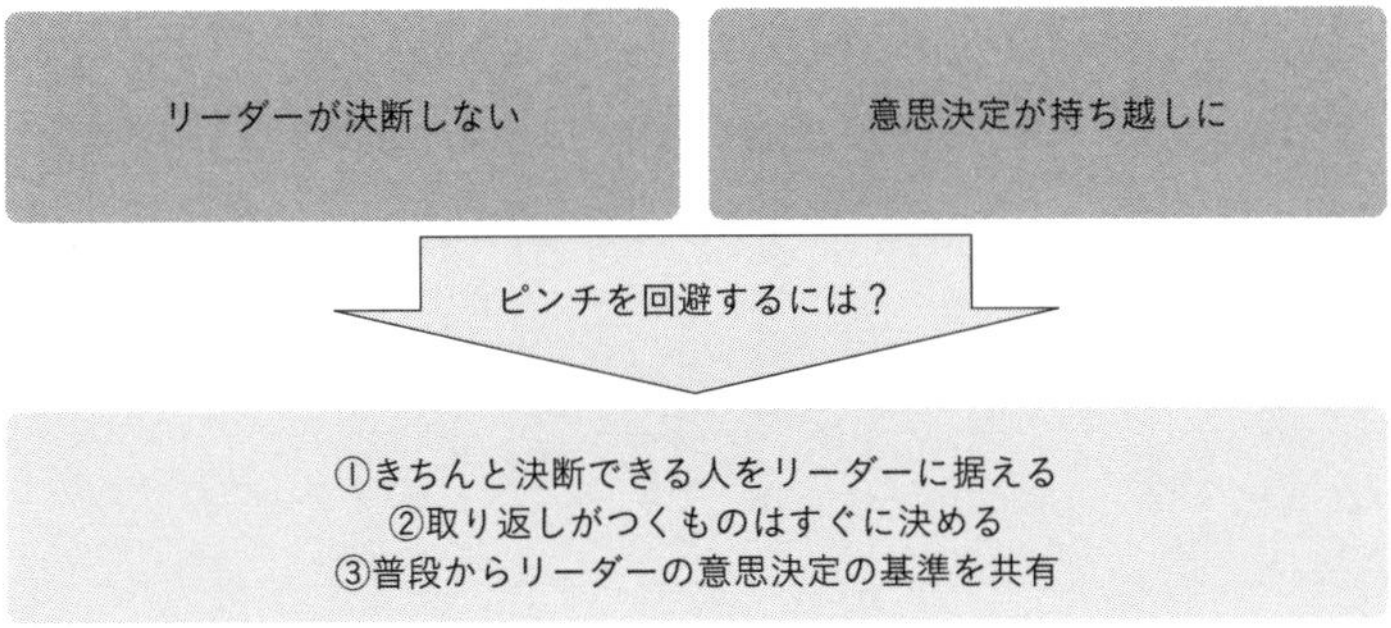

ピンチの本質は2つ

基準は取り返しがつくか、つかないか

——決めるときの判断はどうしているのですか。

小澤　大前提として、それが戦略に沿ったものかどうかを考慮しますが、僕の場合はそれに加えて、「取り返しのつくものか、つかないものか」を基準にしていました。取り返しがつくものだったら、とりあえず決めていきます。そして判断が間違っていたら次の選択肢を検討しよう、という流れをつくっていました。

実際、大半の意思決定は取り返しがつくんですよ。取り返しがつかないものってほとんどないのではないかな。強いて挙げるなら、例えば建物の決定とかサービスの値決めですね。でも、これも専門家の意見を取り入れていれば、そんなに間違わない。だから大抵のことは取り返しがつきます。

——それでも、中には決められない人もいそうです。

小澤　そうですね。これまでにそういう人を結構見てきたのである程度分かりますが、多くの人は常に漠然とした不安にさいなまれているようです。「何となく失敗したら嫌だ」みたいな。

もう一つは調査不足です。下調べが万全じゃない。決められない人はまだ自分が知らない情報

があるんじゃないかなと思っていて、それが分かるまでは判断を先送りしようと考えてしまうんですね。自分が知らないリスクがあったら嫌だという理由です。

でも、それは際限がないんですよね。それよりも失敗したときの挽回方法だけ決めて進んでいった方が絶対にいい。人が絶対に間違わない、ということはないですから。さすがに判断材料がゼロで決めるのは難しいかもしれないけど、限られた時間の中で少し調べれば判断できることは少なくありません。僕は決めた後でも意見を変えていいと思うんだけど、それを嫌がる人は結構います。

最悪なのは何も決められない状態

――やっぱり決められない状態が最悪なんですね。

小澤　そうですね。時々、「今、検討しているんだ」って言う人がいるけど、それも完全に思考停止ですよ。迷っているだけですから。そして迷って決められないのも、決めていないだけです。

もちろん決めるときの不安は誰にでもあります。それは否定しようがない。でも、自分の役目が決めることだと思っていれば決められるはずです。

——決めるのは、やっぱりマネジメントの仕事なんですね。

小澤　そうですね。ただ、それでも現実には決められない状態は組織の中でも起きます。だから、僕は会議で結論が先延ばしになりそうなときは、「ダメダメ、今日決めようよ、この場で決めてよ」と無理にでも決めていきました。

だって大抵は意思決定を先延ばしにしても違いはないんですよ。少なくとも、決めれば前に進められます。あらゆる会社で滞っているものの根本原因は、誰かが決めないからだと僕は思いますね。

ただし、例外もあって組織の構造上意思決定できない状態が生まれることもあるんです。典型例がいわゆる資本政策です。特にスタートアップ関係者は気をつけてほしいですね。

——一体、どんなケースですか。

小澤　典型的なケースは、出資比率を対等にして、仲間と会社をつくるパターンです。出資比率が50：50だと、意見が割れた場合に物事を前に進められなくなってしまいます。当たり前のように見えるけど、スタートアップの場合は結構、やってしまいがちです。大企業でも合併などで時々起きて、事業がうまく進められないことがあります。

——途中までは意見が一致していたのに、突然、経営方針で対立したりするわけですね。

小澤　バンドと一緒ですよ。方向性の違いとか言って、途中から意見が分かれてしまうわけです。ただし、バンドと違って会社の場合はお金が絡むのでややこしいことになります。仮に僕とAさんで会社を設立して、僕が辞めたとしますね。するとAさんが頑張れば頑張るほど、辞めている僕が持っている株が上がって儲かるわけです。Aさんからすると、超むかつくじゃないですか。相手が辞めるだけでも腹が立つのに、さらには相手に株が渡っているから、縁を切って終わりということにならない。そんなこともあって、最近は会社を辞めるときに「こういう条件で株を引き取る」という契約をつけるケースが増えています。

あるいは出資比率が3分の1ずつというのもなかなかのリスクなので、本当は誰かがマジョリティーを持っていた方がいい。でも、起業したての人には最初はそこまで分からないんですよ。これは先輩起業家がアドバイスすべきですね。

悪手でも決着がつけられるようにする

――資本政策はちゃんと考えた方がいいと。

小澤　基本的に、資本政策やガバナンスは誰かがマジョリティーを持つ形にした方がベターだと思います。**意思決定が正しかろうが間違っていようが、判断して決着をつけられる状態が正解**

です。その意思決定が間違っていたとしても、少なくとも前に進められるから。決められない、動けないというのが最悪な状態ですね。

まあ分かっていても、現実はなかなか難しいんですよ。仲間で50対50にしようとか、3分の1ずつにしようぜと盛り上がってしまうと、そっちに流れがちになります。当事者はその方が納得感がありますからね。

そのときは将来、対立が起きるかもしれないなんてほとんど考えもしないんですよ。結婚とか恋愛に似ているのかもしれませんね。

実際、僕も人のことは言えなくて、起業した会社は2社とも出資比率を対等にしていました。幸い、経営対立が起きないまま売却できたけれど、本当に運がよかったと思います。

ただ、僕の投資先では揉めるケースがありました。相手が気に入らなくなったとか、不祥事を起こしたとか。本当に「何でそんなことが起きるんだ」みたいなことが起こるんです。結局、これも意思決定できない状態であるが故に引き起こされる危機なんですよ。

自分のやってきたことを棚に上げて言うと、投資家としてはやっぱり、そこはちゃんと意思決定できる資本政策を考えた方がいいとアドバイスをしています。難しいのは分かっているけれど。

普段から自分の決め方を周知しておく

――そうした経験は、後輩にどんどん伝えていった方がいいですね。

小澤　伝えるという点では、楽天やヤフー時代、こうした僕の考え方や意思決定のプロセスをできるだけ多くの人に理解してもらえるように、コミュニケーションを工夫していました。

例えば、全社員が入っているメーリングリストでは1対1のやりとりを原則として禁止していました。これは僕が起業したときから続けていた慣習で、すべて1対多でやりとりをするんです。

これには理由が2つあって、一つはリスクヘッジです。仮に部下がトラブルに巻き込まれたりして、いち早く僕に報告してくれたとします。でも僕がすぐに反応できない場合があったりする。ゴルフをやっているかもしれないし、寝ているかもしれない。

このとき、やりとりがほかの人に見えないと、初動が遅れてしまうわけです。緊急時なんかはこのロスが致命的になるかもしれないので、全員で共有することによって最悪の事態を防げるわけです。

――なるほど。

小澤　もう一つの狙いはノウハウの共有です。すなわち、僕の考えを全員に理解してもらうことを狙っています。何かを報告した部下に対して、僕が「こうしてください」という指示を出すと、それが全員に伝わるので周りの人も一気に理解できます。これを1対1で決めてしまうと、どういうプロセスで僕が決めたのかが分からないから何度も同じ説明をしないといけません。

もちろん、叱るときもあります。あまりやりませんけど、これをやったらダメなんだと周知することは、時々は必要です。一罰百戒《いちばつひゃっかい》じゃないけどね。

——コミュニケーションの方法を工夫すれば危機管理にもつながるわけですね。

小澤　今はメールからSlackやTeamsなどのコミュニケーションツールに替わっていますけど、小規模なチームなら、基本的には全員が見える形でやりとりをすることを推奨しています。

規模が大きくなるとメールやチャットが埋もれてしまうけど、少なくともリーダーの意思決定の基準は共有した方がいいと思います。これも危機回避につながりますからね。

とにかく前に進めることが大事

小澤　繰り返しますが、リーダーは、たとえ判断が間違っていたとしても、決断をして前に進めることが役割です。それが最大の危機回避策であることを、僕は身をもって理解しました。

──とはいえ、現実には「あの人は決めない」という人の存在はなくならない気もします。

小澤　そうですね。それにしても、リーダーが決めないって何なんだろうね。決められないんだったら、いる必要ないですよ。本当に僕はそう思います。

だから、みなさんは間違っても、決められない人にはならないでください。常に何かを決め続けていると、だんだんとリーダーっぽくなっていきますから。

第8講のおさらい

○事業にトラブルはつきもの。問題が起きることを前提に、大事な意思決定は現場の責任者が判断できる状態にしておく。

○危機が深刻になるのは、往々にして意思決定ができないとき。何も決めていないか、何も決められない状態になっていないかを確認する。

○リーダーは、たとえ判断が間違っていても決めて前に進めること。それが最大の危機回避策になる。

第9講

小澤隆生の人生論

仮説を立て、問い続ける

祭りは見るより参加せよ

Q
小澤さんの事業づくりの原動力は？

A
自分の仮説を確かめること。

解説

自分の立てた仮説が
正しいかどうかを確かめるために、
僕は生きている感じです。
仮説がピタリと当たって
事業が成功することほど
うれしいことはありません。
それを味わい続けるために、
絶えず難度の高いパズル（事業）に
挑戦しています。結果的に、
それが人の幸せに
つながったら最高ですよ。

最後に、これまでの小澤さんの話の中でうまく文脈にはまらなかったり、伝え切れなかったりしたエピソードを紹介していく。小澤さんが尊敬する先輩経営者から教わった世の中の本質。事業仲間との交流を通じて感じ取った学び。若いときにやっておくべきこと……。どれも深い教訓として小澤さんの記憶に刻まれているものばかりだ。判断に迷ったとき、意思決定の指針として役立つであろう珠玉の言葉を見ていこう。

①あらゆる変化はチャンス

人生は、何がきっかけで変わるか分かりません。とにかくどんな逆境に陥っても諦めず、調べ抜いて、その時点でベストな選択をしてください。

僕自身、人生の転機は大学時代でした。父親の経営していた会社の業績が悪化し、家族がいきなり数十億円の借金を抱えることになりました。何不自由なく暮らしていた生活が、大学の途中で一変しました。

それまでは、いずれ自分は父親の会社を継ぐのかな、なんて漠然と思っていました。ところが会社が経営難に直面して、自分も何とか生き残らなくてはならないと、リアルに自分の人生を考えざるを得なくなりました。

まず借金を一気に返済できるベストな仕事は何かを必死に探しました。図書館に一日中籠もって新聞や雑誌をしらみつぶしに調べました。でもすぐに分かったのは、サラリーマンの収入では数十億円の借金を返済することは到底できない、ということでした。年収が高いと言われている弁護士や会計士でも、おそらく難しい。

じゃあ、何がいいんだと思って行き着いたのが、自分で会社を起こすことでした。多額の借金を返済するには、もう自分で起業して稼ぐしかない。

では、どんな事業がいいのか。図書館に通ってリサーチした結果、環境、情報技術（ＩＴ）、少子高齢化の３つが有望なテーマだろうという結論になりました。どれも、日本が直面している社会課題です。

すごい世界が始まる

この中から情報技術を選んだのは、３つの中で大きな元手が不要で、一番成功の幅が大きそうだったからです。意気込んでアップルのＭａｃ ＬＣ４７５を買い込んで、ＩＴの世界で勝負しようと腹を決めました。１９９３年ごろですね。

ところが、最初はさっぱりITのおもしろさが分からなかった。マックもすぐに持て余すようになったんだけど、そのうちにインターネットがやって来たんです。これにはやっぱり衝撃を受けました。「これはすごい世界が始まる！」と興奮したんだけど、独学では限界があることもすぐに分かりました。

そこで、いきなり起業するよりも一度就職して勉強した方がいいと考えるようになりました。すぐにピボットして、就職活動をしました。

当時は就職氷河期でもあったので面接はほぼ全滅でしたが、唯一僕をおもしろがってくれたCSK（現SCSK）に滑り込みました。その後、CSKの仲間と起業して最初の会社を始めることになっていきます。

振り返ってみれば、いきなり親が借金を抱えて、それを返済しなくちゃいけないというプレッシャーはきつかったけど、あれがなければ僕はインターネットの世界で起業しようなんて考えなかった。その意味で、人生って何が転機になるか分からないし、それがどう転んでいくかも分からない。不安ではあるけど、僕はそれが人生の醍醐味だと思って生きています。

変化ってどんな理由であれ乗っかった方がいいですよ。時々大変なこともあるけど、絶対に失敗はなくて、次の何かにつながっていきます。おもしろがって挑戦すると、大抵はいい方向に転ぶ可能性が高いです。

図らずも起業家になるきっかけを与えてくれた親には、今でも感謝しています。まあ、僕の場合は弁護士か会計士になったとしても、その後、会社を起こしていたとは思うけれど。

②宴会幹事こそ最高の仕事

みなさんは宴会の幹事を経験したことはありますか？　飲み会でも、旅行でも、社内イベントでも、何でもいいです。もし、機会があれば率先して手を挙げてください。幹事は事業づくりと色々な共通点があって、勉強になるんですよ。

幹事の基本動作は、企画を立てて、場所を手配して、人を集めることに尽きます。本質は事業の立ち上げとほぼ一緒です。企画の考え方は、事業の切り口を見つけることに似ているし、それを周知して人と注目を集める作業はマーケティングそのものです。実際の運営もまさに執行力が試されますから、事業づくりの練習にはもってこいなんですね。大抵は想定外のトラブルも発生するので、その対応も含めて自分を鍛えられます。

ものすごく自分を成長させてくれる上に、幹事は参加者全員に名前を覚えてもらえて、感謝までされるわけです。僕からしたら得るものしかないですよ。

仮に起業を考えていたり、会社で新事業の立ち上げを構想しているなら、まずは何でもいいので幹事役を引き受けることをおすすめします。ゼロから何かを立ち上げる経験を、最初から最後まで通しでできるはずです。

僕は川邊健太郎（LINEヤフー会長）さんと、若いころからよく一緒にイベントを企画して、幹事をやってきました。週一の勉強会、年末の忘年会、豆まき、東京五輪の招致、プロ野球再編問題……。おもしろそうな企画は、規模を問わずやり続けてきました。結果的に、僕の事業執行力も相当磨かれたと思います。

たぶん、この感覚は事業を立ち上げたことのある人はうなずいてくれると思うんですよ。僕の周囲も実行力のある人は、自分でおもしろいイベントを企画して、人を集めることに長けています。**やっぱり、祭りは見るより絶対に幹事として参加した方がいい**ですよ。

③考える前にまず手を動かす

今は本当におもしろい時代で、自分の考えたアイデアがうまくいきそうかどうか、簡単に試す場がネットにいくつもあります。何か事業を考えているなら、一人で悩み続けるよりも、どんどん手を動かした方がいいですよ。

身近な例で言えばSNS。これを使って、簡単にマーケティングの練習ができるようになりました。試しにXやインスタグラムに自分が考えたイベント企画を投稿してみましょう。どれくらいの人がリアクションするかで、ある程度手応えがつかめたりします。

投稿する時間帯を変えたり、言い回しを工夫したりして、少し手を加えれば、簡単なマーケティングデータも得られます。これを叩き台に、イベントをやるべきかどうかの判断ができるかもしれない。インプットを分析して仮説を立てて、さらに試していく。そんなことがスマートフォンだけで簡単に試せるようになりました。

かつて、僕も世界に通用するお祭りを企画しようと思い立ち、フェイスブックをフル活用して「すごい豆まき」を主催しました。この企画は、アイデアのフィードバックから人集めまですべてSNSで完結しました。仮説を立てて試すという練習は大きな投資をしなくても実現できる時代です。

いつもSNSばかり見ているので、たまに「そんなに意識してSNSをやって疲れませんか」と聞かれるんですけど、正直、放っておいてほしいよね(笑)。だって、仮説を立てて当てるって、本当におもしろいじゃないですか。好きなんだからしょうがない。

好きだからやる、は大事

それと僕は、この「好きだからやっている」という感覚はすごく大切だと思っています。なぜなら、それこそが人の興味を探る行為の源泉だから。根源的なニーズを見つける上では、自分自身が夢中になる感覚を知っておいた方が絶対いいですよ。**やっぱり何かに夢中になれない人に、根源的なニーズを探り当てるのは難しい**んじゃないかな。

おそらく、これは続けることで蓄積されていくノウハウなんだと思います。それを理解している人は、Xなりインスタグラムなりで常に発信して、投稿に対するリアクションを見たりして、ノウハウをためていると思います。継続はやっぱり力になるからね。

興味を持って何でも試す姿勢は、起業家や会社員に関係なく、人間としてのスキルアップにも大事です。一度でも仮説が当たる経験をすると、熟練度が上がって、飛躍的に仮説の立て方が上手になっていくからね。

何かアイデアがある人は、今からでも遅くないから、試しにSNSを始めてみてください。恥ずかしいと感じる人は、別に自分のためにやるわけじゃなくて、人々の反応を知るためだと割り切るのがコツです。

やってみて、「あまり発信することに慣れてないな」と気づくかもしれない。それを知るだけでも投稿する価値はあります。得意か不得意かを理解するのは、大切な自己認識です。そしてきっと、ほとんどの人は得意ではないと思うんだよね。

でも、できないなら何に努力すればいいのかが分かって、少なくとも前に進めるじゃない。執着心のある人なら、そこから自分を伸ばすにはどうすればいいかと考えるきっかけになります。

④仕事を長く楽しみ、続けるコツ

事業づくりはゴルフのショットと似ていて、少し力を抜いて臨むくらいがちょうどいいのかもしれません。個人的には必死さは大事だけど、悲壮感は不要。プレッシャーを楽しめる状況にいられれば最高です。その状態を維持することが、事業づくりを続けるコツかもしれません。だから、僕は仕事に関しては常にちょっと力が抜けている印象を周囲に与えることが多いんです。性格として、すごい使命感や切迫感はあまりないんですよね。

もちろん、いい加減にやるわけじゃない。ただ、大きなことをやり抜こうと思ったら、常に力が入りっぱなしだとどこかで燃え尽きちゃうじゃない。**力のさじ加減を調整できるようにしないと、事業を最後までやり遂げるのは難しい**と思っています。

そのためにも、常に好奇心を持ち続ける心の余裕は残しておくこと。何かおもしろそうだ、と思ったらすぐ飛びつける瞬発力は備えておきたいですよ。何事もすべて真面目に全力でやりすぎると、いざというときに反応が鈍くなってしまうからね。

⑤やることがなかったら人と会う

よく、若いときの出会いは大切だと言うじゃないですか。あれは本当に正しい。若い人には声を大にして言いたい。やることがなかったら、とにかく人と会ってください。そして、そういう機会がないと嘆いている人は、それを自分でつくり出すことを目的に生きてください。

なぜかと言うと、**今の僕は20代から40代にかけて出会った人によって生かされていると、心から感謝している**からです。

親友の川邊（健太郎・LINEヤフー会長）さんとその昔、ひたすら勉強会を開いていた時期がありました。当時、川邊さんの経営していたスタートアップがヤフーに買収されて、僕の会社も楽天に買収されて、ある時期そろって六本木ヒルズ勤務だったことがあったんです。

2人とも忙しくはあったけど、ほら、そこは会社員だから。時間を見つけては、朝・昼・晩とご飯を食べて、お茶をして、サウナに行ったりしていました。それがやがて勉強会になり、旅行や忘年会へと発展して、色々な企画に発展していきました。今振り返っても、ひたすら人と会ってご飯を食べていた記憶しかありません。

だけど、この時期にできた人脈は本当に大きかったですよ。例えば勉強会では、週に1回、ネット業界以外の人で、日本の官僚や大企業のキーパーソンに会うという目標を勝手に決めて、色々な業界からゲストを呼んで話を聞きました。政治家から占い師まで、本当に色々な人に話を聞いて、結果的に数百人くらいのつながりができました。この人脈は今も色々な形で仕事に生きています。

ちなみに川邊さんは勉強会が大好きです。もう、鬼のようにやり続ける(笑)。執着心がすごくて、超多忙なヤフーの社長になってからも、しばらく続けていました。僕ならやっぱり面倒くさいと思ってやめちゃっていたと思うから、川邊さんには感謝しかありません。重ね重ね、人に会うというのは大事です。

⑥あらかじめ答えを持っておく

僕は、常に課題に対する答えを自分なりに考えておきます。自分の答えがない状態で部下に意見を求めたり、アイデア出しをお願いしたりはしません。なぜなら、出てきた答えの善しあしを評価できないからです。

これを僕はよく、算数の問題に例えていました。普通、教える立場の人は問題を出す前にその答えを知っているじゃないですか。そうしないと、出てきた回答の答え合わせができません。仕事も同じだと思っていて、結局、上司がある程度、課題に対する答えを持った状態で部下に考えてもらわないと、評価ができないんです。

でも、意外と答えを用意しているマネージャーは多くはない。部下にアイデア出しを丸投げして、自分で考えようとする意識がなかったりするんですね。

忙しかったりして仕方のない面もあるけど、やっぱりたまに戦略から外れたアイデアが採用されたりする。後々大変なことになるので、それは避けたい。

要するに、当事者意識を持つということですね。少なくとも、自分の部下だったマネージャーには、自分なりに答えを持つことを求めていましたし、事業家の目線で自分が事業をやるんだったらどうするか、を常に意識するように伝えていました。

そうやって自分も考えていると、時々自分の想像を超えたアイデアが提案されることもあるんですよ。そうしたら、もう文句なしです。マネージャーだからって、部下に任せっきりにしていてはダメだということです。

⑦あえて環境を変え、節目をつくる

よく「起業には志が必要だ」とか「心からやりたいことをすべきだ」という考えがあるけど、僕は割とニュートラル。最初からやりたいことがなくても全然いいと思っています。むしろ人間は、外からの圧力によって変わることもあります。

僕自身がそうだったのは先にも触れた通りです。起業を考えるようになった直接のきっかけは父親の借金です。家族の窮地を打開するには、会社を起こすしかないと覚悟を決めたわけです。人生は時々、自分の事情ではなく、外圧によってガラッと変わることもあります。僕はこれを「黒船」と表現しています。

日本は黒船が来なかったら、江戸時代がずっと続いていたかもしれない。でも想定外の出来事によって変わらざるを得なかった。これは、人生にも当てはまるんじゃないかと思うんです。

そして、**変化は自分の力ではどうにも抗えないけれど、それを前向きに捉えると人生が予想もつかない方向に進むことがあります。**

次の扉の開き方

楽天イーグルスの創業は、もともと僕が熱烈に希望して参加したわけではありませんでした。でも変化を前向きに捉えてやり切ったことで、人生が変わりました。楽天を辞めた後も、何をやると決めたわけではなかったけれど、環境を変えると色々な機会が巡ってきました。結果的にベンチャーキャピタルの道や新しい起業の道が見えてきました。

だから、**僕は時々、変化を生み出すために、深く考えずに今の環境を変えてみたりします。すると次の扉が開く**からです。ることに意味を見出すとでも言えばいいでしょうか。

もちろん、みんなに会社を辞めにとってはリスクが高すぎるからね。でも会社を辞めなくても、周囲の環境を変える方法はいくらでもあります。引っ越しでもいいし、結婚や離婚、新しい趣味だって環境変化の一例です。人生の新しい扉を開くのは、やっぱり新しい状況に身を置いたときだと思います。

そして**変化の振れ幅が大きければ大きいほど、人の成長スピードは上がります。**あのとき仮に父親の借金が60億円でなくて、6000万円だったら、僕は弁護士になっていたと思うんです。でもケタが違ったから僕は起業家を目指した……というか目指さざるを得なかった。

やっぱり、同じことをやり続けているだけでは次の扉は開きません。成長のためには、定期的に自分が身を置く場所を変えること。それを意識した方がいいんでしょうね。

⑧場をつくれる人に

宴会幹事と発想は似てはいるんだけれど、「場づくり」に長けた人になりたいと、僕は常に思っています。

楽天を退職した後、しばらく自宅で小澤総研というスタートアップのインキュベーションをやっていた時期があります。当時の家には地下があって、そこに会議室とセミナールームを用意して、起業したばかりの若者たちに解放していました。

今でいうコワーキングスペースですね。打ち合わせをやって、投資の面談をして、セミナーをする。現在のシェアオフィスとかでやっているようなことを、自分の家でやっていたんです。

振り返ると、あれは本当にすばらしい場所だったと思います。人が集まれる場を自宅につくるというのは最高ですよ。もう、毎日のように勉強会を開いたり、ランチ会を開いたりして、絶えず人と会っていました。

人とのつながりは本当に色々なきっかけになります。投資先の起業家を見つけたのもそうだし、その後仕事で長く付き合うことになる人と何人も出会いました。川邊さんとやっていた勉強会と併せておもしろい企画が次々生まれました。当時は何も考えずにやっていたけど、我ながら本当にいい判断だったと思います。

後で聞いてみると、僕の先輩もみんな似たような場をつくっていたようです。僕に最初に投資してくれたネットエイジ（現ユナイテッド）の西川潔さんは、いつも色々な人を会社に呼んで、梁山《りょうざん》泊《ぱく》みたいな雰囲気の場をつくっていました。人が集まって、雑談したり交流したりすることが、いかに大事か。おそらく西川さんも知っていたんでしょうね。これは変わらない本質ですよ。

⑨一生付き合える仲間をつくる

若いときはできるだけ、一生涯の友と呼べるような人を見つける努力をしてほしいと思います。僕にも仲間がたくさんいるけれど、中でも盟友と言える存在は、やっぱりＬＩＮＥヤフー会長の川邊健太郎さんですね。

川邊さんと僕が最初に出会ったのは１９９８年ごろ。僕が起業したビズシークがリクルートと提携交渉をしていたんですが、そのときのリクルート側の窓口が、川邊さんが社長を務めていたスタートアップのメンバーでした。その縁で、彼を紹介してもらってご飯を食べたのが最初の出会いだったと思います。

川邊さんは既にビズシークのサービスを使っていて、「探していた本が一発で見つかった」なんて盛り上がったのを覚えています。僕も、彼が執筆に関わったモバイル・インターネットの本を読んでいたのかな。

猪木好きに悪い人はいない

まあでも、何より大きかったのはアントニオ猪木さんですよ。2人とも猪木さんの大ファン。猪木好きに悪い人はいないということで、すぐに距離が縮まりました。

その後もずっと付き合い続けていますが、何というか波長が合うんでしょうね。お互いに非常に思考が似ている。話をしていて、考え方に違和感がないんですよね。

あまり人からそうは見られないけど、僕はどちらかというと思考派なんです。戦略を立てて構想を練って、というのが好きなタイプなんですね。一方で川邊さんはコミュニケーション力が高いから、どんどん道を切り開いてくる。知らない人にアポイントメントを取ったり、敵だった人を仲間にしちゃったり。色々な人を巻き込みながら壁を突破していくんですね。課題に対してぐっと迫る突破力があるんですよ。

だから、何か大きな構想を実現するパートナーとしては最高なんです。キーパーソンにすぐに話を通してくるし、根回しも上手。僕自身もやれなくはないけど、川邊さんの方が数段上です。

あとは悲壮感がないのもいいですね。あっけらかんとしていて、何でもおもしろがって始めてみるノリのよさがあります。付き合っていくうちに、だんだんと僕が構想を考えて、川邊さんが道を切り開くというパターンが出来上がっていきました。

僕がヤフーに入ることを最終的に決めたのも、川邊さんですよ。彼がヤフーの副社長になったときに、「ここが勝負どころだと思っている」といつになく真剣な顔つきで話してくれたんですね。何とか力になりたいなという気持ちはあったので、2人セットで色々なことに挑戦しました。

今は再び道は分かれましたが、変わらず付き合いは続いています。まあ、いいコンビなんだと思います。仲間はやっぱり大切ですね。

⑩仮説を当てる楽しさを知る

僕が約10年ぶりにベンチャーキャピタルの世界に戻ってきた理由は大きく2つあります。

一つは僕自身、起業家として先輩に何度も助けてもらったからです。ペイ・フォワード（恩送り）じゃないけど、自分がしてもらった支援を、今度は後輩にお返ししたいという感情が自然と湧いてきたんです。もし、当時20代だった僕に、ネットエイジの西川さんがおもしろがって投資してくれなかったら、今の僕はなかったと思います。当然、そのときに「経営について教えてやるからお金を払え」なんて一言も言われませんでした。

この**次の世代を育むカルチャーこそが、スタートアップの世界を発展させる原動力だし、僕が果たすべき大事な役割**だと思っています。

もう一つは、もっと個人的な理由です。それは、自分が考えた事業立ち上げのフレームワークがうまくいくか試してみたいという、純粋な興味から来ています。

世の中は本当に課題だらけ

何度か繰り返していますが、僕は人間の能力にはそれほど差があるとは思っていません。天賦の才能がなくても、素直で、真面目で、正しい事業の立ち上げ方を知っていれば、誰でも事業を成功させる可能性はあると考えています。

凡人でも事業をつくれる。この見立てが果たして正しいのか試し続けたいんです。そのために、自分が「これは」と思う起業家と一緒に事業をたくさんつくりたい。まあ、一種の知的好奇心ですね。

やりたいことはこれからも、本質的にずっと同じだと思います。何かしらの課題を探し出して、それを解決する仮説を立てて検証するということですね。

そして、そういう意識で世の中を見ていくと、本当に課題だらけだということが分かります。リサーチをするほど、仮説が生まれてきます。最初は関心のなかったテーマでも、仲間と議論していくうちに、だんだんとおもしろくなってくる。仮説づくりは本当に奥が深いと思います。

⑪人のまねから始めてＯＫ

何かを始めるときには、必ずしも人と違うことをやらなくてもいいと思っています。

若いころは何となく、ほかの人がやったことのないビジネスやサービスを手掛けなければと気負っていた時期がありました。でも楽天イーグルスの創業を通して、その考え方が１８０度変わりました。

プロ野球は、楽天が参入した時点で70年の歴史があったわけで、そこから参入して成功させる必要がありました。最初はどうなるかと不安でしたが、実際にやり切ってみると、球界関係者も驚くような成果を出すことができました。収支構造を変えて、新しい球団コンセプトを浸透させ、さらに地元の人に愛される球団をつくることができたんです。

僕はそれまで、常に何か新しい事業をつくってやろうと躍起になっていたけど、既に存在する事業を変革させる仕事もすごくおもしろいんだと気づいたんです。この考えは、電子決済の「ＰａｙＰａｙ」を始めたときに生きていて、当時は僕らがキャッシュレスサービスの最後発の参入だったけど、絶対に巻き返せるだろうという根拠のない自信がありました。プロ野球は、僕の考え方にも大きな影響を与える経験でしたね。

⑫成功体験が成長を加速させる

みなさんはマンガ『ドラゴンボール』に出てくる「精神と時の部屋」って聞いたことありますか。そこへ行くと、10年分とか20年分くらいの経験を一瞬でできてしまう空間で、濃縮した時間の中で通常の何倍もの修行をするというものです。

僕にとっては楽天イーグルス創業がそんな場所でした。何と言うんですかね。濃縮された期間で、体力的にも、資金的にも、スタッフ的にも、本当にギリギリの状態で何とかしていたという時期なんです。

もうあのときの苦しみは二度と味わいたくないけど、あのときの苦労があるから何でも乗り越えられるという面はあるんですよ。

当時、僕の周りで働いていた仲間も一様に似たことをいいます。とにかく、どんなことも乗り越えられるという自信がついたと。だって、みんなごく普通の人たちだったんですよ。陸上に例えるなら、100メートルを9秒台で走る選手は1人もいませんでした。ところが、みんな驚くほどの成長を遂げて、次々と自己新記録を更新していった感じです。それも1人や2人ではなくて、100人、200人の規模で成長していきました。この光景を目の当たりにして、人はきっかけ一つで桁違いに成長できるんだと実感しました。

では、人が成長するきっかけは何なのか。**僕は、やっぱり成功体験なんだと思います。**自分が立てた仮説が当たって、世の中にいい影響を与えられた。人が喜ぶようなサービスをつくれた。誰かを感動させることができた……。そういう瞬間に関わることができると、人は飛躍的に成長するんだと思います。

実際に顔つきも驚くほど変わります。やっぱり自信がつくからでしょうね。「自分もやればできる」と心から信じられるようになります。

そして一度でも自信がついたら、自然と次の成長機会を求めて自走できるようになっていきます。楽天イーグルス創業メンバーから起業家が多く生まれたのは、そんな背景もあると思います。

COLUMN

「新しい経営者像を示してほしい」

医療ガバナンス研究所理事長
上 昌広
Masahiro Kami

小澤さんとの最初の出会いは2004年ぐらい。彼が楽天にいて、プロ野球の再編問題をやっていたころだったと記憶しています。ほかにも川邊健太郎さん（LINEヤフー会長）、佐藤大吾さん（NPO法人ドットジェイピー理事長）、亀田誉輝さん（くふうカンパニー取締役代表執行役）なんかもいて、みんな若かったですね。

彼らが師匠と呼んでいるスズカン（鈴木寛・東京大学教授）さんが、私の高校時代の先輩なんですよ。スズカンさんと彼らが定期的に開催している勉強会に顔を出しているうちに接点ができました。

スズカンさんは2000年代前半から医療に関心がありました。そして、私たちの仲間とも親しく付き合うようになりました。そこに小澤さんや川邊さんも呼び込んだんです。

2人はもう一卵性双生児のようによく似て

いて、とても礼儀正しいんです。メールの返事は早いし、言葉遣いもとても丁寧。だから年上に気に入られる。

私が驚いているのは、20年経った今も態度が全然変わらないことですよ。普通、偉くなったり忙しくなったりしたら、そういった基本がおろそかになりますよね。でも、2人は全然変わらない。今も気持ちよくお付き合いさせていただいているのは、そうした面がとても大きい。誠実で信頼できるんです。

私が、本格的に深く付き合うようになったのは、「コラボクリニック」という診療所の立ち上げです。「ナビタスクリニック」を知っていますか？　JR東日本が駅直結を売りに展開している診療所で、その先駆けとなるモデルを、新宿駅の西口につくったんです。

「失敗を直していくのが事業」

当時は医療にも変化の波が訪れていて、2000年代の半ばに既に大学病院が衰退していました。そして専門病院が一人勝ちの状態だった。医療だけでなく、あらゆる産業で変化が起きていて、例えば流通業界では百貨店の代わりにコンビニや専門店が勢いを増している状況でした。

スズカンさんとは、そのうちに医療の世界にもコンビニ化の波が来ると言っていて、そのための手を打とうという議論をしていたんです。

そして、彼のゼミ生や私が主宰していた東京大学医科学研究所の研究室に集う学生を中心に、コンビニ型クリニックを立ち上げようというアイデアが出てきました。2006年4月に、学生を中心にプロジェクトが立ち上がりました。まあ今で言うスタートアップです。その指導に当たったのが、小澤さん、川邊さん、穐田さんたちでした。今考えたらとても豪華なメンバーですね。

私が感心したのは、小澤さんたちのアプローチです。当時の医療クリニックでは割と革命的だったと思うけど、彼らはまずニーズを徹底的に調べるわけです。

普段、仕事が忙しくて診療所に行けない人は、何を求めているだろうかと調査をしていく。そして立地とホスピタリティが大切だと結論づけて、ホテルや飲食店なんかを参考にしながら、徹底的にサービスを突き詰めていきました。この顧客目線はさすがにネットサービスで鍛えられていると感心しましたね。私自身すごく勉強になりました。

印象に残っているのは、「この世界って、失敗を直していくだけなんですよ」という言葉です。ネットの世界ではお客さんからのフィードバックは、あればあるほどいい。それを1個ずつ直していけばどんどん改善できるから。だから顧客のクレームは宝なんです、と。

そして言葉通り、本当に泥くさく意見を吸い上げていくんですよ。ネット企業の経営者って派手で華々しいだけでしょ、という印象がありましたが全然違いました。むしろ地味で愚直な姿勢に感動しました。

小澤さんたちが色々なことに挑戦できるのは、プロ野球の再編問題をやり抜いたことが大きいんだと思います。細かいことは分からないけれど、当時、リーグ再編を目論んでいたプロ野球界の重鎮を相手に争って、世論を味方につけて阻止したんだから。そんな特別な成功体験があるから、大きなことにも躊躇《ちゅうちょ》なく挑んでいける。自分たちが動けば世の中は変えられると自信をつけたのでしょう。

あとは、仲間がよかったんでしょう。川邊さんや佐藤さんといった、キャラクターが立ったおもしろい人間がわんさか集まっていた。世の中を一緒になって変えようなんて考えるやつは、なかなかいないですよ。

そして、師匠の存在ですね。スズカンさんはやっぱり吉田松陰のような存在なんだと思います。当時はみんな若くて、脂が乗り切っていました。

まだ、もう一仕事できる

私は、変化というのは一世代かかると思っているんです。私と一世代上は違うし、私の世代と今の若い子ともまた価値観が違う。でも、共通して課されているのは次の世代を育てるということです。

変化を起こすという点において、私は教育が大事だと思っていますけれど、それと同じくらい、人間関係の構築は重要です。

その点、小澤・川邊コンビはその力が卓越しています。いつも、人と人とがつながるような場を率先してつくっています。そういう場づくりを、彼らはこれからもやっていくんじゃないですか。やっぱりおもしろいですよね、人間と人間の出会いというのは。それが人の生きる意味なのかもしれない。

これからの期待？　個人的には、彼らには新しい経営者像をつくってほしいですよ。若くして日本を代表するネット企業の経営者を経験した彼らには、まだまだ時間があります。まだ、もう一仕事できますよ。何か世の中を変えるような大きな動きをしていただきたいですね。

くれぐれも、財界活動に終始して、ワイン片手に業界のよもやま話をするような人たちにはなってもらいたくない。偉くなって、国から勲章をもらうことを目指すような姿は見たくないかな（笑）。

上《かみ》 昌広《まさひろ》 氏

東京大学医学部を卒業後、血液内科での臨床経験を経て、医療ガバナンス研究所の理事長を務める。感染症対策や医療ガバナンスに関する研究者として活動。地域医療の支援や国際共同研究を進めており、日本国内外の医療環境の改善に尽力する。

おわりに

書籍を執筆する際は、毎回、自分なりのテーマを持って臨むようにしている。例えば、前作の『レゴ 競争にも模倣にも負けない世界一ブランドの育て方』では「ＡＩ時代の付加価値」に関心があったし、その前に手掛けたビズリーチの創業秘話『突き抜けるまで問い続けろ』では「課題発見」が主題だった。

本書もまた、私が描いてみたいテーマがあった。それは「意思決定」である。

私たちは、日常的に色々な意思決定をしている。多くの情報を集め、熟慮した末に決めるものもあれば、感覚的にパッと決めてしまうものもある。その判断がときに人生に大きな影響を与えることもあるわけで、何かを決めるという行為は、人間が生きていく上で基本的だがとても奥の深い重要な行為であると感じていた。

ビジネスにおいても、意思決定は重要なスキルの一つであることは論を待たない。しかし言うは易く行うは難しで、実際に決断の根拠を論理的に説明するのは簡単ではない。誰もが理解し、納得できる基準を分かりやすい言葉で表現する必要があるからだ。

そんなことを考えているときに小澤さんに出会った。事業を次々と立ち上げていくリーダーとしての魅力もさることながら、私個人としては、明快な判断基準のつくり方に興味を持った。そのプロセスを解き明かしたいというのが、私が抱いていたもう一つのテーマだった。

なので、本書は小澤さん流の事業立ち上げ論であると同時に、何かを決める「基準」をどう設計すればいいかという指南書でもある。そして、この基準をつくっていく過程こそが、戦略づくりの真髄なのではないかと、書きながら感じた。

本書の執筆のために、小澤さんをはじめ、関係者の方々にまとまった時間を取っていただき、その考えをじっくりと聞かせていただいた。改めて感謝したい。

今回の書籍づくりに当たって、過去に取材したメモを掘り返してみたが、10年以上前に記していた小澤さんの指摘が今もほとんど変わっていないことに驚いた。本質を追求する姿勢は、昔から変わっていないのだろう。

編集を担当してくれたダイヤモンド社の日野なおみさんとも、この作品で3冊目である。私の意思決定の方法に柔軟に対応してくれ、今回もおもしろい読み物に仕上げてくれた。いつも、ありがとう。

小澤さんの核心を突いた事業論を読んで、彼を上回る次代の「すごい凡人」が登場することを、願ってやまない。

2025年2月

蛯谷敏

［著者］
蛯谷 敏（えびたに・さとし）
ビジネスノンフィクション作家・編集者

2000年日経BP入社。2006年から「日経ビジネス」の記者・編集者として活動。2012年に日経ビジネスDigital編集長、2014年に日経ビジネスロンドン支局長。2018年にリンクトイン入社。現在は、シニアマネージングエディターとして、ビジネスSNS「LinkedIn」の日本および東南アジア市場におけるコンテンツ統括責任者を務める。これからの働き方、新しい仕事の創り方、社会課題の解決などをテーマに取材を続けている。著書に『爆速経営 新生ヤフーの500日』（日経BP）、『突き抜けるまで問い続けろ 巨大スタートアップ「ビジョナル」挫折と奮闘、成長の軌跡』（ダイヤモンド社）、『レゴ 競争にも模倣にも負けない世界一ブランドの育て方』（ダイヤモンド社）がある。

小澤隆生　凡人の事業論
——天才じゃない僕らが成功するためにやるべき驚くほどシンプルなこと

2025年2月18日　第1刷発行
2025年5月22日　第4刷発行

著　者——蛯谷 敏
発行所——ダイヤモンド社
〒150-8409　東京都渋谷区神宮前6-12-17
https://www.diamond.co.jp/
電話／03･5778･7233（編集）　03･5778･7240（販売）

装丁・本文デザイン——三森健太［JUNGLE］
DTP————河野真次［SCARECROW］
校正————聚珍社
製作進行——ダイヤモンド・グラフィック社
印刷————信毎書籍印刷（本文）・新藤慶昌堂（カバー）
製本————ブックアート
編集担当——日野なおみ

ISBN 978-4-478-12184-9